基于流程视角的
经营风险研究

郝家龙·著

JIYU LIUCHENG SHIJIAO DE
JINGYING FENGXIAN YANJIU

吉林出版集团股份有限公司

图书在版编目（CIP）数据

基于流程视角的经营风险研究 / 郝家龙著. -- 长春：

吉林出版集团股份有限公司，2015.12（2024.1重印）

ISBN 978 - 7 - 5534 - 9789 - 1

Ⅰ. ①基… Ⅱ. ①郝… Ⅲ. ①经营风险-研究 Ⅳ.

① F272.3

中国版本图书馆 CIP 数据核字（2016）第 006872 号

基于流程视角的经营风险研究

JIYU LIUCHENG SHIJIAO DE JINGYING FENGXIAN YANJIU

著　　者：郝家龙

责任编辑：矫黎晗　杨　鲁

封面设计：韩枫工作室

出　　版：吉林出版集团股份有限公司

发　　行：吉林出版集团社科图书有限公司

电　　话：0431 - 86012746

印　　刷：三河市佳星印装有限公司

开　　本：710mm×1000mm　　1/16

字　　数：189 千字

印　　张：11.75

版　　次：2016 年 4 月第 1 版

印　　次：2024 年 1 月第 2 次印刷

书　　号：ISBN 978 - 7 - 5534 - 9789 - 1

定　　价：50.00 元

如发现印装质量问题，影响阅读，请与印刷厂联系调换。

前　言

　　风险是大家经常谈论的一个话题，尤其在实业界，谈及风险最多。那么风险是什么？美国学者乔瑞指出，风险就是不确定性。一般意义上，我们将风险定义为可能给主体带来不利影响或不利后果的不确定性，也就是大多数情况下，我们只研究逆向或负面的不确定性。

　　那么经营风险是什么？显然，就是经营的不确定性。以这样的定义，经营风险这个概念的外延就比较大了，其种类就比较多了。简单讲，凡是经营中存在的对经营效果具有不确定性影响的因素，我们都称为经营风险源，所有经营效果的不确定性都是经营风险。实业界有一个观念，认为国外企业的寿命比国内企业的寿命长，这个观点说明了实业界对企业经营的持续性关注，也是我国的企业的风险管理能力薄弱的体现。在复杂的国内外市场环境中，企业如何才能得到可持续发展？如何才能做大做强？这个问题本质上就是如何管理风险的问题，如何规避可能导致企业陷入不利状况的风险问题。一个企业如果能合理地管理其面对各种经营风险，必然可在激烈的市场竞争中保持不败之地，所以，管控经营风险成为企业管理的一个重要研究课题。

　　经营风险是用经营效果的不确定性来衡量的，这个广义的经营风险范畴，其研究空间过于宽泛，而企业经营受外部环境与内部环境的影响，有着太多的不可控因素，如政治、经济、法律、科技、自然等外因素，如管理能力、资金、人才等内因素。其经营效果受如此多的因素的约束，所以，对其做出全面的整体性研究既不可能，也没有必要。事实上，在某些方面的研究并不具有实际指导意义，比如，自然因素导致的风险、政治因素导致的风险，因其无规律性，是很难规避的，一般学术界也不作深入的研究。所以，对经营风险作整体性的评价，是比较困难的，也是不客观的，因为有许多风险源是不能以定量的研究方法进行研究的，如果有太多的主观成本包含其中，其研究结果本身就值得商榷。但经营风险并不是不可能研究的，我们研究是为了探求事物的本质、规律，用以指导具体的实践。所以，在本书中，只研究因经营者、管理者本身的经营行为导致的风险，或者讲，研究经营者可通过主观努力管控的风险，即可控性的风险。这对于提高企业的风险管理能力，实现企业的价值增值有着重要的现实意义。

管理是什么？我们常讲，管理就是计划、组织、指挥、协调、控制，这是管理的职能说，即从管理的职能对管理下定义，以此分为五职能说、七职能说。其实，管理就是流程，管理是通过流程来实现的。显然，可控性的风险完全可以从流程的视角加以管理，可以通过对可能产生风险的流程与节点加以重点管理来实现规避和减小风险。事实上，尽管人的认知具有局限性，并不可以完全规避主观行为导致的经营风险，但通过科学的流程与制度的设计，通过对重要节点的关注，是完全可以管理主观性经营风险的。

在参研国内外研究文献资料、借鉴一些学者的研究成果的基础上，本书从流程的视角对战略决策风险、融资风险、投资风险、部门性风险等的识别、管理与风险评价进行了粗浅的研究，希望能对企业界的风险管理尽绵薄之力。由于作者学术水平有限，书中可能有不妥之处，尚请同人们提出宝贵的建议。

郝家龙

2015 年 2 月 19 日于清池

目　录

第1章 概 述

1.1 研究的对象、目的及意义

风险的科学定义就是不确定性或者未来的不确定性。这种不确定性可能带来收益即正面的效果，也可能带来损失即负面的效果，但也可能只带来正效应或负效应。相较而言，人们更关注负效应，即损失。所以，多数情况下，人们研究风险问题是以损失的可能性作为研究的着眼点的，并不关注收益。

风险从不同角度可分为不同的类别。比如，从损害对象可以分为财产风险、人身风险、责任风险、信用风险。财产风险就是导致财产发生毁损、灭失和贬值的风险；人身风险就是指可能导致人的生命受到伤害的风险；责任风险就是可能导致承担损失责任的风险；而信用风险就是指因违背契约所导致的风险。风险也可按损失的原因分类，大致可分为自然风险、社会风险、经济风险、技术风险、政治风险。自然风险是指由于自然现象或物理现象所导致的风险；社会风险是由于个人行为反常或不当行为所致的损害风险；经济风险是指由于经济因素产生的风险，如市场需求的变化、经济周期、运营管理等因素导致的风险；技术风险是指伴随着科学技术的发展、生产方式的改变而发生的风险；政治风险则是指由于政治原因而造成损害的风险；而法律风险则是指由于法律的变更或修改等原因而导致的风险。当然，不管什么样的风险，从本质上讲，最终可以分为两类，即纯粹风险和投机风险，这个分类对风险管理非常重要。所谓纯粹风险是指只有损失可能而无获利机会的风险，即只会造成损害可能性的风险，不可能受益。其结果最多是无损失。

在社会生活中，纯粹风险是普遍存在的，如水灾、地震、火灾、疾病等。为什么定义为纯粹风险，原因就是根本没有收益的可能性，其不确定性是单向的，只可能是损失；而投机风险是指既可能造成损害，也可能产生收益的风险，当然，其结果是双向的，既可能有收益，也可能导致损失。比如投资行业、赌博等。

企业是一个封闭的内部系统，也面临着一个多变的外部环境，所以，企业不仅有内部运作方面的风险，还会面临因外界环境因素变化所导致的风险，其风险无处不在，无时不在，但会不会转化为危机，甚至造成损失，进而影响到企业目标的实现及其生存，在一定程度上取决于企业的风险管理水平。

而流程是指一个或一系列连续有规律的行动，这些行动以确定的方式发生或执行，促使特定结果的实现。国际标准化组织认为"流程是一组将输入转化为输出的相互关联或相互作用的活动"。流程有六要素：资源、过程、过程中的相互作用（即结构）、结果、对象和价值。而流程管理（process management），就是从公司战略出发、从满足客户需求出发、从业务出发，进行流程规划与建设，建立流程组织机构，明确流程管理责任，监控与评审流程运行绩效，适时进行流程变革。流程管理是一种以规范化的构造、端到端的业务流程为中心，以持续提高组织业务绩效为目的的系统化方法。它是一个操作性的定位描述，指的是流程分析、流程定义与重定义、资源分配、时间安排、流程质量与效率测评、流程优化等。

对于企业的风险，根据风险的性质，一般采用控制法和财务法进行管理。所谓控制法是指避免、消除风险或减少风险发生频率及控制风险损失扩大的一种风险管理方法，重点在于改变引起风险事故和扩大损失的各种条件，主要包括：避免、预防、抑制、风险中和、集合或分散。而财务法是通过提留风险准备金，事先做好吸纳风险成本的财务安排来降低风险成本的一种风险管理方法，即对无法控制的风险事前所做的财务安排。它包括自留或承担和转移两种。本质上讲，风险中和、集合和分散、风险自留或承担和转移都是财务层面的风险管理方法，风险发生的概率是明确的，结果的方向是可以预计的，比如，套期保值业务，就是已知结果不是涨或跌，就是价格不变，价格不变不会产生损失或收益，而涨跌的概率或者可能性，可以各以半数来预估，所以，风险可以通过对冲来平衡，这些风险管理方法并没有消除风险，而是将风险的损失在可以承担的限度内作了财务的安排，本质上并没有杜绝风险。

有些风险是可以用避免、预防、抑制的手段加以管控的，如产品质量问题，通过流程设计和加强质量检查与管理是可以避免的，比如采购人员的贪污行为可以通过不相容岗位分离的设计方法来规避，库存量导致的缺货或仓储成本过高的现象可以通过制定科学的采购计划加以规避，再比如经理层的投资决策的失误行为可以通过科学决策流程和完善委托代理机制加以管控。所以，企业中有许多风险，正如巴林银行事件[①]、中石油事件[②]、三鹿乳业事件[③]、江苏昆山市开发区中荣金属制品有限公司汽车轮毂抛光车间的爆炸事件[④]等，无一不与管理流程、操作流程有关，这些操作层面或管理层面的风险，其主要原因就是流程缺陷导致的人为因素，并不像交通事故、地震或火灾等纯粹风险一样不可掌控，只能通过财务的方式自留、分担或转移，而是通过科学的流程设计完全可以管理的。

所以，流程设计的目的不仅在于使流程能够适应行业经营环境，能够体现先进实用的管理思想，借鉴标杆企业的做法，有效融入公司战略要素，引入跨部门的协调机制，更是提升企业综合竞争力，提高风险管控能力的重要手段，而实证研究也表明，企业的流程设计与流程管理对其风险管理起到决定性的作用，对于实现企业的目标具有极为重要的现实意义。

正是基于上述分析，从流程设计的视角对企业的风险管理进行研究，对企业的风险管理提出一些有借鉴价值的研究成果，对提升企业的风险管理水平就颇具价值。

---

① 1995 年，因被称为国际金融界"天才交易员"的尼克李森的违规交易及内控管理不健全导致的巴林银行倒闭一事。

② 2004 年 11 月 29 日，中航油（新加坡）炒作期货亏损 5.5 亿美元，随即停牌并申请破产。

③ 三鹿奶粉事件是一起食品安全事件。事件起因是很多食用三鹿集团生产的奶粉的婴儿被发现患有肾结石，随后在其奶粉中发现化工原料三聚氰胺。根据公布数字，截至 2008 年 9 月 21 日，因使用婴幼儿奶粉而接受门诊治疗咨询且已康复的婴幼儿累计 39965 人，住院的有 12892 人，此前已治愈出院 1579 人，死亡 4 人。该事件最终导致三鹿破产且被三元兼并。

④ 2014 年 8 月 2 日 7 时 37 分，江苏昆山开发区中荣金属制品有限公司汽车轮毂抛光车间在生产过程中发生的爆炸事件。

1.2 文献综述

1.2.1 关于流程

流程即工作的过程，是由一个一个节点组成的，流程的科学合理，不仅有助于提高生产效率，优化管理，而且对于风险防范也极为有益。目前国内外对于流程的研究主要针对流程的基本要素，流程的设计、改进及再造，流程的效率评价等方面进行的，研究的领域不仅涉及制造行业，也涉及公共服务、教育、物流等诸多行业。

从高、李敏强、寇纪淞（1997）针对在流程再造中缺少能指导、支持流程重新设计的方法和工具，提出一种流程再造的方法。通过规范构成流程的基本单位活动，按照一定的方法构建活动描述数据库，然后利用活动之间的相关性从数据库中搜索、回溯新流程的可行方案，并根据效用函数值得到最优设计方案，另外还可以根据活动之间的相似性寻找各流程的冗余活动，从而合并或删除从属于不同部门的相似流程。

桑强（2004）认为从广义的角度来理解，流程再造是一种组织变革模式，包括流程重新设计及其引发的一系列变革。以流程再造为中心的组织变革是指以现代信息技术为平台，从流程再造入手，以提高企业组织整体绩效为目的的变革活动。流程再造是一次系统性的变革，其主要内容包括流程再造、组织结构变革、运行机制设计、信息化建设和企业文化重塑。

王竹泉、高芳（2004）针对业务流程管理的核心会计信息需求，研究与之相适应的财务报告模式——基于业务流程管理的价值增值报告模式，通过全面揭示企业总体价值增值的形成过程，把流程增值与作业增值作为核心信息提供给管理者，为流程管理的实施和绩效评价提供信息支持。

刘飚、蔡淑琴、郑双怡（2005）提出了一套反映业务流程综合性能的流程评价指标体系。该指标体系由四个宏观指标构成，即业务流程成本、业务流程效率、业务流程顾客满意度和业务流程质量，对于业务流程成本指标，运用作业成本法和作业成本管理理论进行分析和量化；对于业务流程效率指标，运用排队论进行分析和量化；对于业务流程顾客满意度指标，提出以流程下游顾客评价为主的评价方法，并基于这一思想建立了业务流程顾客满意度计算模型。

李松、高娜、王宁（2005）认为新流程的应用，往往只是企业流程变化的一个"转折点"，因而设计了企业业务流程再造效果的评价指标体系，采用 MUSA 多标准满意度分析模型对其应用效果进行综合评价，并指出作业流程继续改进的方向。

储节旺、郭春侠、陈亮（2007）认为知识管理流程已成为知识管理研究的重要领域之一，从知识管理的内涵角度论述并比较了国内外知识管理者对知识管理流程的不同理解，通过词频统计出观点中流程环节的数量，总结出知识管理流程的 5 个主要环节；进一步比较分析了国内外学者各具特色的知识管理流程模型，并从组织环境、知识管理层次、流程构成、知识管理 4 个方面进行了评析。

刘宗斌、徐京悦、张玉郁（2008）认为流程再造理论的主要缺陷是假设前提不切合实际、流程定义过于宽泛、未能体现系统论的基本要求等，其改进方向——流程管理理论的基本内容，包括研究对象、流程定义、流程分类的基本框架、流程识别方法、流程关系确定方法等。流程管理理论的应用可为组织的高层管理者把握组织体系运行的内在逻辑提供基本的分析工具和方法，也为有机整合多重管理体系认证或监管要求提供了体系设计方法。

许利达、谭文安（2008）等对企业流程演变过程中的动态模型进行了分析，对支持动态企业的过程协同调度和管理进行了研究。

顾平安（2008）认为我国电子政务的未来建设将更加强调政府公共服务能力的提升，需要从管理驱动型向服务驱动型转变。面向公共服务的电子政务流程再造是对政府传统管理方式的变革，要通过重新设计，实现政府公共服务流程由"管理驱动型"向"服务驱动型"转变，从而改善政府绩效，提高和增强政府管理和服务能力。吴国秋（2012）研究认为服务型制造是制造与服务融合发展的新模式和新趋势，我国制造业已开始由生产型制造向服务型制造转变。与以往只专注于有形产品的生产型制造不同，服务型制造是企业由制造领域向服务领域的拓展与延伸，开展基于制造的服务和面向服务的制造。它是以满足顾客的个性化和全方位的需求，提供给顾客"交钥匙工程"和"一揽子"的全面解决方案，使顾客获得最大的增值为出发点，将产品制造业务与其前后端的服务业务相融合，走"产品服务化"或"服务产品化"的路线。在这两种转型路线中，无论企业选择走哪一种路径，覆盖产品全生命周期的整个业务流程既可由某个制造企业单独完成，也可由制造企业和生产性服务企业合作共同完成。而其成功的关键在于对相关服务业务领域的拓展及对整个业务流程的优化设计与改进。张瑞君、陈虎、张永冀（2010）以流程再造理论为基础，以中兴通讯十年的财务共享服务变革之路为例，研究中国企业集团财务管理变革和流程再造——财务共享服务构建的过程，提炼和明确其关键因素，从组织、技术、流程、绩效考评等维度对中兴通讯财务从分散到集中再到共享的变革历程进行了分析。孙荣、陈莹（2010）基于当前我国高校传统行政管理模式的局限性凸显，认为运用流程再造理论改革学校管理是提高高校管理水平和效能的一个重要思路。应围绕服务、效益两大理念，通过区别化、集成化、信息化方式重新设计行政业务流程，以精简、整合为手段重组组织结构，实现从权力型到责任型、从隶属关系到协作关系的部门职能转变。实践过程中，战略管理设计、领导层支持、硬件资源保障以及相关制度配套是影响高校行政流程再造的关键因素。李靖华（2013）运用多元线性回归方法探讨现阶段行政服务中心流程再造的主要影响因素。研究表明，流程绩效受到策略规划、企业家素质、窗口状况、信息化、部门合作、中心管理、互联互通等多方面因素的共同影响，公共服务再造的结果绩效主要受中心管理、企业家素质、部门合作、窗口发展等因素的影响。周文光（2013）基于来自 228 个样本的数据，使用结构方程模型（SEM），通过研究吸收能力与流程创新绩效之间的关系，探究了吸收能力的四个维度对流程创新绩效的作用机制。研究结果表明，吸收能力的四个维度（获取能力、消化能力、转化能力与开发能力）与流程创新绩效之间的关系被知识产权风险所调节。王丽英（2014）论述了企业实施战略成本管理的内涵及其对中小企业的意义及价值，分析了我国中小企业实施战略成本管理存在的关键问题，并提出了中小企业实施战略成本管理的技术与流程框架。

曹云（2014）结合国际货运代理行业特点和中小型企业自身经营发展特点，分析了我国中小型国际货运代理企业目前的发展及业务流程现状，进而提出了优化这一流程的具体策略。

1.2.2 关于风险管理

关于风险管理，研究也比较广泛，因为人类对规避风险具有天然的主动性。其研究在银行的信用风险、金融风险、汇率风险等方面均有涉猎，并运用了包括计量经济学方法在内的研究方法。如杨乃定（2002）在分析了当今企业所处动荡环境及风险管理实践历程的基础上，指出了企业集成风险管理是企业风险管理发展的新方向，研究了集成风险管理的特点并研究提出了企业集成风险管理的框架。陈庆辉、彭岗（2005）研究了以 RAROC（风险调整后的资本收益率）为核心的"全面风险管理"理念，设计了基于 RAROC 的金融机构全面风险管理模型框架，并对以银行为主要代表的金融机构风险管理的成本与收益进行比较分析。谢志华（2007）研究认为内部控制、公司治理和风险管理在本质上是相同的。张琴、陈柳钦（2008）认为现代风险管理已经从传统风险管理阶段向整体化风险管理过渡，全面风险管理是目前风险管理发展的最新趋势，它是一种站在整个公司角度进行的整体化风险管理方式。张琴、陈柳钦（2009）介绍了全面风险管理（ERM）的具体内容。褚惠玲（2009）认为房地产业是一种高收益、高风险的综合性产业，其开发过程中的影响因素众多，并对房地产开发过程中的各种风险进行识别和分析，提出科学、合理的解决对策。

王东（2011）认为风险管理在 50 年的发展中实现了从多领域分散研究向企业风险管理整合框架的演进，对传统风险管理理论、金融风险管理理论、内部控制理论和企业风险管理理论的主要观点进行了综述，并对后危机时代的风险管理发展趋势进行了展望。

曹元坤、王光俊（2011）认为整体层面的风险管理在企业中的应用及其实施绩效的研究等将成为风险管理研究的主流发展趋势。

白华（2012）认为内部控制与风险管理含义相同。张继德、郑丽娜（2012）认为大型集团企业日益成为企业组织形式发展的主要方向，然而伴随企业组织规模的扩大与组织层级的增多，财务风险的传导性与危害性变得更加显著，利用规范研究方法，依据系统性、环境分析起点等原则，构建了包括目标层、管理层和基础层三个层面，管理目标、实施主体、程序方法、保障体系和管理基础五要素在内的新型集团企业财务风险管理框架，从宏观视角建立了自上而下的风险管理体系。

周文光（2013）认为在银行之间竞争不断加剧的情况下，我国的商业银行要实现有效的管理，提高市场的竞争力，就必须加强对风险的管理，并针对商业银行软件项目的风险应对提出了相应的措施。王艳红（2013）认为，作为经营风险的特殊金融机构，保险企业的风险管理不仅是自身经营安全的重要保证，也是有效提升企业价值的基石，但不应单纯地规避风险。杨海峰（2013）对农村信用合作风险状况进行了分析，提出了一些加以控制及化解风险的措施。任丹霖（2013）从设立的相关法规、机构体系，开展的相关活动和现阶段使用的技术方法方面对中小企业民间借贷风险管理的现状进行多方面概述，并分析了现有问题的成因。

黄舒倩、尚紫萱、柯宗（2013）应用计量经济学的方法，对金融时间序列模型时间轴上的异方差问题，以 ARCH 模型出发，以外汇汇率风险管理为对象，对其可行性进行了相关研究。张帆、杨蕊（2013）从新型农村金融机构入手，对其发展现状及当前风险管理模式等进行探讨，通过对其在风险管理中存在的问题做出分析，提出防范风险的有效策略。韩霭晶、徐一丁（2013）对汇率风险进行了研究。赵家敏、祝烁帆（2013）研究了个人理财业务中的风险管理规划的过程，分析了其发展现状。宋雅洁（2013）对加强和完善企业内部控制制度、理顺内部控制管理体制进行了研究。黄昊（2013）对自保公司，即指企业所有人为了控制相关联企业的风险而自我设立的保险公司的含义及其运作机制进行了介绍，系统地剖析了以设立自保公司的方式进行风险管理的优点和缺点，并提出了几点建议。贾具才（2013）提出应明确现代企业财务管理主体，合理使用经济杠杆和财务杠杆，进一步提高信贷风险意识，以实现整体风险最低化。吴培森（2013）分析了税务风险管理概念及背景，提出了企业税务风险管理的框架结构。成焕玲（2013）对我国会计师事务所审计风险管理中存在的缺陷及其缺陷成因入手，提出管理和控制我国会计师事务所审计风险应采取的对策。李维安、戴文涛（2013）从内部控制、公司治理、风险管理三者产生的根源入手，深入分析了三者之间的区别和联系，并基于战略管理视角构建了三者的关系框架。

1.2.3 关于流程与风险管理

流程与风险具有密切的关系，规避和掌控风险必须从流程的设计和管理入手，才能从源头上管理风险，减小损失，保证企业的价值增值。当前国内外对流程与风险管理，尤其是企业风险管理的研究还是不多的，主要针对银行、电信、电力、建筑等行业，针对信贷环节或供应链环节有一些研究，但并没有系统深入的研究，尚需进一步进行系统的研究，提出基本的理论框架。

郭奕珂、赵伟佳（2004）认为业务流程再造（BPR）带来了企业管理领域的一场深刻革命，但是其较高的失败率使众多的企业望而却步。在流程再造中引入风险管理，及时发现并控制和规避风险，具有重要的理论和实践意义。基于此，提出了 BPR 项目中风险管理的应用方案。

建设银行新疆分行课题组（2005）对商业银行风险管理流程再造的规避风险问题进行了研究。徐钰华（2005）则基于流程对产品开发项目风险的识别进行了研究。

胡衍强、刘仲英、邵建利（2006）将流程的相关理论引入银行操作风险管理领域，以流程的视角来分析操作风险，帮助银行实施有效的风险管理。邓明然、费伦苏（2006）在提出商业银行风险的业务流程链传导概念的基础上，论述了商业银行风险的业务流程链传导路径、载体及其特征，指出商业银行操作风险管理应实施个别业务流程风险管理，成立操作风险专门管理部门，以协调跨部门的业务流程处理，从而限制商业银行的业务流程链风险传导。欧立雄、黄柯鑫、宋晨英（2006）针对流程重组过程所面临的高风险性，以及存在较多的不易量化因素，通过运用层次分析法对这些风险因素进行量化，然后在流程重组过程和风险评价之间建立基于流程重组项目的闭环系统，形成反馈机制。

杨国梁（2007）从介绍国际活跃银行操作风险管理的最新进展及美、德商业银行操作风险管理实践，剖析我国商业银行操作风险管理中存在的不足，提出借鉴国际活跃商业银行操作风险管理理念、模式、体系、流程、技术等建议。黄益建、曾显斌、李晓寒（2007）认为业务流程是企业营运中的重要部分，关系到企业战略的制定与改变。营运风险、财务风险、授权风险、信息技术风险和廉正风险都是业务流程中的潜在风险，在对五类流程风险进行分析的基础上，提出了基于防范流程风险的内部控制体系设计新思路。罗伟、刘介明、陈云（2007）认为互联网信息技术的飞速发展和经济的全球化，使企业面对的竞争（Competition）越来越激烈，经营环境复杂多变（Change），顾客（Customer）需求向多样化、个性化方向发展，企业面临着巨大的风险，对企业业务流程风险管理的原理进行了论述。

谢成德（2008）认为合规风险的管理又落脚于对银行业务经营的每一个流程环节、每一个风险点、每一个员工的岗位职责的管理，因此合规风险的管理与农村中小金融机构中展开的流程银行建设是紧密相连的。对合规风险的管控与流程银行建设有效结合进行了讨论。

刘桢云、胡振邦（2009）以大型零售业供应链为研究对象，据 GSCF 框架的八大流程对供应链中存在的风险进行分析，并在此基础上从战略和战术两个层次对零售业供应链风险防范进行探究。杨俊杰（2009）论述了我国工程承包企业全面风险管理基本流程及其运作，提出了当前工程承包企业所面临的企业风险和全面风险管理必须解决的重要课题，对风险和全面风险管理进行了解读并设计了基本流程及其运作框图。同时，对实施、操作基本流程时需要注意的关键点做了具体的说明和建议。

许程（2010）分析业务流程法的优、劣势，结合实践工作探讨了业务流程梳理后进一步的工作方向。牟英、石陈卓（2010）论述了中国石油西南油气田公司通过积极完善管理规范与标准，推进制度与方法创新，在确保内部控制体系有效运行的基础上，努力构建以流程为核心的风险控制机制，全面提升公司的风险防控能力和整体管理水平的工作。赵忠世（2010）认为信贷业务是我国商业银行的主体资产业务，管理周期长、运行环节多、风险防控难，但随着宏观经济形势的变化，我国商业银行实施信贷风险管理必须紧扣信贷流程的各个环节，严密防控各种可能的风险隐患。因此，围绕如何把风险管理始终贯穿于信贷运营全过程，提出了信贷全流程风险管理的目标、对象、手段和特点。杨皓宇（2010）从内部控制的基本理论入手，重点阐述了COSO委员会发布的《企业风险管理框架》，在该理论指导的基础上，针对企业的风险管理问题，重点围绕目标制订、事项识别、风险评估、风险反应、控制活动、信息沟通以及监控进行研究和探讨，并对企业开展风险管理工作的流程及基本操作步骤进行初步探索。

　　杨晨（2011）结合企业在内控体系构建过程中的实践，就在重要管控流程中如何识别风险、防范风险进行探讨。袁琳、张宏亮（2011）通过对 10 家设立财务公司或结算中心的集团公司的结构式访谈及调研发现，财务公司治理结构与风险控制机制相对于结算中心更健全，但作为财务公司风险最终承担者之一的集团董事会在风险管理中的责任及功能被弱化。财务公司本身的董事会治理结构有待优化；董事会风险管理执行力不足；缺乏风险管理完整体系，如机构设置空缺、体系流程缺乏、管理执行弱化。尚不能将风险管理嵌入流程，董事会在风险管理中的履职情况及效果堪忧，同时风险管理信息系统功能不能满足风险管理的要求，基于此提出了针对财务公司（结算中心）风险管理的董事会治理建议。桑延军（2011）基于流程控制的角度来探讨银行操作风险管理，提出按业务流程设置操作风险防范策略，通过组织结构的扁平化来防范操作风险，以及根据业务流程需要配置操作人员的风险控制措施。张云婷（2011）结合推行内部控制和风险管理的成功经验对基于内部控制与风险管理的流程设计与再造进行了总结。陈文姣、李娟（2011）通过分析电网企业风险管控体系的现状、不足及问题成因，引出构建基于业务流程的风险管控体系的必要性，阐述了该体系的主要内容和实施要点，并通过分析南方电网某供电局电费回收流程中抄表环节的风险来进一步说明风险防控体系的运作与实施。邓俊、陈汗青（2011）认为产品设计与企业的产品创新活动联系最为紧密，企业产品创新中的设计流程是将企业的战略和目标具体付诸实践的过程，设计流程的科学性和有效性直接关系到企业战略和目标的达成、关乎企业产品创新的成败。基于产品设计的流程在企业产品创新活动中的重要地位，从设计流程中各个环节存在的风险和各个节点之间衔接的风险两方面，探讨影响产品设计流程的风险问题。袁绪（2011）认为企业并购作为企业的一项投资活动，在并购的事前、事中、事后各个阶段其风险有着不同的诱因，并且各具特点，流程中风险的传导对并购活动的持续进行更是有着不可忽视的影响作用，因此从企业并购的流程出发识别企业并购风险及其传导特征。贾俊梅、樊千、张劲松、寿俞佳（2011）认为信贷风险是商业银行的内生风险，是银行风险管理的核心。在对中国商业银行信贷流程风险管理存在的问题进行分析的基础上，结合我国实际提出一些改进措施。

任昱（2012）从流程建设角度对合规风险管理进行了研究。郑金生、陈蕾、许战坡（2012）认为内外部环境的不确定性对企业影响加剧，传统的内部控制已难以适应企业整体层面风险管理的实际需要。风险管理的发展拓展了内部控制的外延，但在流程风险控制的操作上仍未实现与内部控制的整合。因此，在内部控制局限研究的基础上，提出了基于风险管理的内部控制方法。

郭保民（2013）认为银行建立全面风险管理体系已是时代发展的必然趋势。针对我国商业银行风险管理中存在的风险管理流程不规范、治理结构不健全等问题，提出规范全面风险管理流程，营造适宜外部环境，完善公司治理，加强内部基础设施建设等构建全面风险管理体系的思路。谭彬（2013）认为现有以资产为核心的安全风险管理模型，不能满足业务风险管理的实际需要。通过建立基于业务流程粒度的安全风险管理模型，并在 WAP、短信业务系统成功实施和应用，才能真正实现基于业务流程粒度的风险管理。尹克定（2013）认为由于企业边界和主营业务的特殊性，建筑企业合同流程的风险识别与管控具有贯穿经营全过程的显著特征，从建筑企业风险管理的基本特征出发，探讨了如何通过合同流程风险识别和整合来优化企业管理。刘汉荣、臧骏、高化猛（2013）在研究了装备试验流程不同阶段与装备试验风险管理流程相对应的风险管理活动的基础上，研究了装备试验风险管理目标及风险管理内容，即装备试验的过程风险、进度风险和费用风险，并以装备试验中的试验指挥为实证，给出了风险预测与应对措施。陈强、刘亚芳、吴晶（2013）在强调职能管理和流程管理互补的基础上，构建装备制造企业研发流程管理体系以引出研发流程节点，通过风险矩阵和层次分析法识别出研发流程中关键风险节点的关键风险因子，从而把研发风险传递到具体的节点和因子上，进而提出三层次的风险管控模式。

郭菊娥、史金召、王智鑫（2014）针对供应链风险管理过程，提出了基于 SCOR 模型的供应链风险管理过程框架，同时识别出基于 SCOR 模型的供应链关键风险因素，在此基础上构建供应链风险评估指标体系。吕永刚（2014）以黑河农商行为对象，研究了以流程银行建设为突破口，通过施行差别化的授权管理机制，建立风险经理、风险官派驻制度，搭建立体的合规管理框架的问题。韩新毓（2013）以采购环节为研究对象，认为采购环节是企业价值实现的开始，通过对全面风险视角下的采购环节进行风险识别，提出相应的应对措施。

1.3　研究的基础理论与方法

本书以管理学、经济学、社会学作为研究的基础理论，主要采用如下方法对相关问题进行研究。

第一，文献研究法。即根据一定的研究目的，通过调查文献来获得资料，以期了全面地了解流程设计与风险管理当前国内外研究状况，得到现实资料的比较资料。

第二，描述性研究法与经验总结相结合的方法。所谓描述性研究法，即对企业流程设计与风险管理的现有规律和理论加以验证，给予叙述，以利于能向地提出问题，揭示弊端，描述现象，介绍经验。而经验总结法则是对企业管理实践活动中风险管理的具体情况，进行归纳与分析，提出结论性的成果，使之系统化、理论化，上升为经验的一种方法。

第三，实证研究与个案研究相结合的方法。通过一些企业风险管理的实践，对流程设计与风险管理进行相关性分析，以期把握本质，揭示二者的相关性，求证二者相关性的假设。

第四，实证研究与规范研究相结合的方法。通过对风险管理与流程设计的实证研究，对流程设计与风险管理进行相关性分析，以期把握本质，揭示二者的相关性，求证二者相关性的假设，阐述二者的逻辑关系。

第五，个案研究法。即通过一些企业管理的实践活动，对流程设计与风险管理的相关性进行分析，基于风险管理的角度对不同阶段的流程进行分析与风险评价，提出改进意见与措施。

第六，计量经济研究法。即应用计量经济学的知识，通过建立假设模型对流程设计与风险管理的相关性、内部控制与企业的风险进行相关性分析。

1.4 研究框架图和技术路线

研究框架、研究的技术路线及主要研究内容如图 1-1 所示。

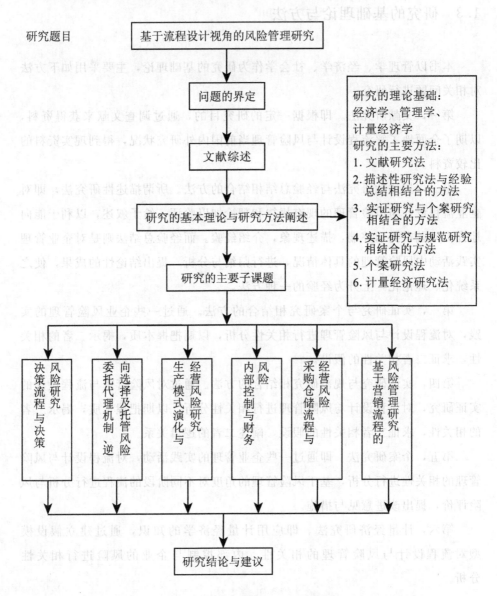

图 1-1 研究的框架及技术路线图

本章参考文献：

[1] 丛高,李敏强,寇纪淞.企业流程再造的方法研究[J].中国管理科学,1999,7(1)：29—35.

[2] 桑强.以流程再造为中心的组织变革模式[J].管理科学,2004,17(2)：7—11.

[3] 王竹泉,高芳.基于业务流程管理的价值增值报告模式研究[J].会计研究,2004(9)：47—52.

[4] 刘飚,蔡淑琴,郑双怡.业务流程评价指标体系研究[J].华中科技大学学报(自然科学版),2005,33(4)：112—114.

[5] 李松,高娜,王宁.业务流程再造的效果评价与流程的持续改进[J].工业技术经济,2005,25(10)：86—89.

[6] 储节旺,郭春侠,陈亮.国内外知识管理流程研究述评[J].综述与述评,2007,31(6)：858—861.

[7] Dominik Vanderhaeghen, Peter Loos. Distributed model management platform for cross-enterprise business process management in virtual enterprise networks. Journal of Intelligent Manufacturing,2007,Vol.18(5),pp.553—559.

[8] 刘宗斌,徐京悦,张玉郁.关于流程再造理论的缺陷分析及改进思考[J].北京交通大学学报(社会科学版),2008,7(2)：66—71.

[9] Lida Xu,WenAn Tan,Hongyuan Zhen,Weiming Shen. An approach to enterprise process dynamic modeling supporting enterprise process evolution. nformation Systems Frontiers,2008,Vol.10(5),pp.611—624.

[10] 顾平安.面向公共服务的电子政务流程再造[J].中国行政管理,2008(9)：83—86.

[11] 张琴,陈柳钦.风险管理理论沿袭和最新研究趋势综述[J].河南金融管理干部学院学报,2008(5)：22—27.

[12] 张瑞君,陈虎,张永冀.企业集团财务共享服务的流程再造关键因素研究[J].会计研究,2010(7)：57—64.

[13] 王东.国外风险管理理论研究综述[J].金融发展研究,2011,(2)：23—27.

[14] 吴国秋.服务型制造企业业务流程设计与优化[D].沈阳工业大学硕士学位论文,2012.

[15] 孙荣,陈莹.高校行政流程再造：内涵、路径与影响因素[J].高等教育研究,2012,9(9)：30—35.

[16] 李靖华.行政服务中心流程再造的影响因素：浙江实证[J].管理科学,2013,21(2)：111—120.

[17] 周文光.基于风险管理的商业银行软件项目研究[J].电子技术与软件工程,2013(10)：

96—96.

[18] 王艳红.吉林省保险企业风险管理决策的研究[J].中国证券期货,2013(7):116—117.

[19] 杨海峰.加强我国农村信用社内部控制及风险管理研究[J].中国连锁,2013(10):51—53.

[20] 任丹霖.中小企业民间借贷风险管理现状分析[J].中国连锁,2013(10):130—130.

[21] 黄舒倩,尚紫萱,柯宗.银行汇率风险管理与时间序列模型研究[J].中国证券期货,2013(07):226—226.

[22] 张帆,杨蕊.新型农村金融机构风险管理研究[J].中国证券期货,2013(07):235—235.

[23] 韩霄晶.我国商业银行面临的汇率风险管理中的问题及对策研究[J].金融商务,2013(10):81—82.

[24] 徐一丁.我国企业外汇风险管理效果的实证研究[J].中国证券期货,2013(09):71—74.

[25] 赵家敏,陈庆辉,彭岗.全面风险管理模型设计与评价:基于 RAROC 的分析[J].国际金融研究,2005(3):59—64.

[26] 祝烁帆.浅析个人理财业务中的风险管理规划[J].中国证券期货,2013(07):102—102.

[27] 宋雅洁.浅谈企业风险管理下的内部控制体系[J].中国证券期货,2013(08):56—56.

[28] 王丽英.我国中小企业实施战略成本管理的技术与流程探讨[J].经济师,2014(8):263—265.

[29] 曹云.中小型国际货运代理企业业务流程优化研究[J].湖北经济学院学报(人文社会科学版),2014,11(7):27—28.

[30] 杨乃定,Rolf Mirus.企业集成风险管理——企业风险管理发展新方向[J].工业工程与管理,2002(5).

[31] 谢志华.内部控制、公司治理、风险管理:关系与整合[J].会计研究,2007(10):37—45.

[32] 张琴,陈柳钦.企业全面风险管理(ERM)理论梳理和框架构建[J].当代经济管理,2009,31(7):25—32.

[33] 褚惠玲.房地产开发企业风险分析与防范[J].现代经济信息.2009(15):30—32.

[34] 王稳,王东.企业风险管理理论的演进与展望[J].审计研究,2010(4):96—100.

[35] 曹元坤,王光俊.企业风险管理发展历程及其研究趋势的新认识[J].当代财经,2011(1):85—92.

[36] 张继德,郑丽娜.集团企业财务风险管理框架探讨[J].会计研究,2012(12):50—95.

[37] 白华.内部控制、公司治理与风险管理[J].经济学家,2012(03):46—54.

[38] 黄昊.企业风险管理新趋势——自保公司[J].中国证券期货,2013(8):62—62.

[39] 贾具才. 企业财务信贷风险管理研究[J]. 中国连锁,2013(10):151—154.

[40] 吴培森. 民营企业税务风险管理初探[J]. 中国证券期货,2013(09):84—84.

[41] 成焕玲. 论我国会计师事务所审计风险管理[J]. 中国证券期货,2013(07):147—147.

[42] 李维安,戴文涛. 公司治理、内部控制、风险管理的关系框架[J]. 审计与经济研究,2013(4):3—12.

[43] 郭奕珂,赵伟佳. 业务流程再造的风险管理[J]. 价值工程,2004(9).

[44] 建设银行新疆分行课题组. 商业银行风险管理流程再造研究[J]. 新疆金融,2005(10).

[45] 徐钰华. 基于流程的产品开发项目的风险识别[J]. 航空科学技术,2005(5).

[46] 邓明然,费伦苏. 基于业务流程链的商业银行风险传导研究[J]. 当代经济管理,2006(6).

[47] 胡衍强,刘仲英,邵建利. 流程视角下的商业银行操作风险管理研究[J]. 新金融,2006(9).

[48] 欧立雄,黄柯鑫,宋晨英. 流程重组过程中风险管理策略方法研究[J]. 科学技术与工程,2006(4).

[49] 杨国梁. 国内外商业银行操作风险管理实践探讨[J]. 国际银行业,2007(12):29—36.

[50] 黄益建,曾显斌,李晓寒. 内部控制体系设计与业务流程重组[J]. 财会月刊,2007(6).

[51] 罗伟,刘介明,陈云. 企业业务流程风险管理的原理与方法[J]. 经济论坛,2007(13).

[52] 谢成德. 房地产开发流程风险分析[J]. 安顺学院学报,2008(4):86—88.

[53] 刘桢云,胡振邦. 基于 SCOR 模型的供应链风险识别与评估研究[J]. 物流科技,2009(3):83—91.

[54] 杨俊杰. 试论我国工程承包企业全面风险管理基本流程及其运作[J]. 项目管理技术,2009(8).

[55] 许程. 基于 GSCF 框架的大型零售业供应链风险防范探讨[J]. 物流工程与管理,2010(6):83—91.

[56] 杨皓宇. 企业风险管理流程框架浅析[J]. 商业文化(学术版),2010(6).

[57] 赵忠世. 信贷全流程风险管理研究[J]. 中国金融家,2010(4).

[58] 贾俊梅,樊千,张劲松,寿俞佳. 商业银行信贷流程风险管理存在的问题及改进[J]. 绿色财会,2011(9).

[59] 袁绪. 企业并购流程风险识别及其传导特征[J]. 经营管理者,2011(23).

[60] 袁琳,张宏亮. 董事会治理与财务公司风险管理[J]. 会计研究,2011(5):65—71.

[61] 杨晨. 风险管理工作中的业务流程梳理法[J]. 北京教育学院学报,2011(2):75—77.

[62] 邓俊,陈汗青. 略论产品设计流程风险[J]. 艺术教育,2011(9).

[63] 桑延军. 基于流程控制的银行操作风险管理研究[J]. 现代商业,2011(8).

[64] 张云婷. 基于内部控制与风险管理的流程设计与再造[J]. 经营管理者,2011(5).

[65] 陈文姣,李娟. 基于业务流程的电网企业风险防控体系的构建[J]. 华北电力大学学报

（社会科学版），2011(s2).

[66] 牟英，石陈卓．一体化运行多层次推进构建以流程为核心的风险管理机制[J]．国际石油经济，2011(10).

[67] 郑金生，陈蕾，许战坡．内部控制在供电企业业扩报装业务流程中的应用研究——基于风险管理的视角[J]．会计之友，2012(9).

[68] 任昱．从流程银行建设切入合规风险管理——基于对江苏省农信社的分析[J]．中国农村金融，2012(10):65—68.

[69] 谭彬．基于业务流程粒度的安全风险管理分析及应用[J]．电信科学，2013(11).

[70] 刘汉荣，臧骏，高化猛．装备试验流程中的风险管理及实证分析[J]．装备学院学报，2013(3).

[71] 陈强，刘亚芳，吴晶．装备制造企业研发风险识别和控制研究——基于流程节点[J]．现代商贸工业，2013(3).

[72] 郭保民．论商业银行全面风险管理体系的构建[J]．中南财经政法大学学报，2013(03):80—143.

[73] 尹克定．建筑企业合同流程的风险识别与管控研究[J]．建筑施工，2013(7).

[74] 韩新毓．全面风险管理视角下的 ERP 采购流程风险及控制[J]．会计之友，2013(22).

[75] 吕永刚．全流程风险管理的黑河实践[J]．中国农村金融，2014(5).

[76] 郭菊娥，史金召，王智鑫．基于第三方 B2B 平台的线上供应链金融模式演进与风险管理研究[J]．商业经济与管理，2014(1).

第2章 内部控制设计与风险管理研究

2.1 内部控制理论沿革

2.1.1 内部控制的定义

"control"一词本身是指登记账册之外的人对账册进行核对与检查。关于内部控制的定义,成立于1985年的COSO(Committee of Sponsoring Organization)委员会的定义是:"公司的董事会、管理层及其他人士为实现以下目标提供合理保证而实施的程序:运营的效益和效率,财务报告的可靠性和遵守适用的法律法规。"[①] 而内控活动是指为确保管理层指示得以执行的政策和程序。针对企业的不同目标,控制活动可以分为以下三个类型,即以提高经营效率效果、增强财务报告的可靠性、遵守法规等为目标的三类控制活动。

2.1.2 内部控制理论沿革

在公元前3200年,古罗马宫廷库房采用了"双人记账"[②];我国西周时期,

---

① 美国COSO(发起人组织委员会)是国际公认的制定内部控制标准的权威机构。1992年9月,COSO委员会提出了《内部控制—整合框架》。1994年又进行了增补,简称《内部控制框架》,即COSO内部控制框架。

② "双人记账制",即每一笔财产收付都要有两个记账员同时记载,然后定期或不定期地将两本账册进行核对。如果记录一致,说明财产库是正确的;如果不一致,则表明财产失真或有舞弊行为。当时还出现了"听取账目报告"的控制监督形式,旨在防治管理人员贪污和舞弊行为。

设置了"天官"与"地官",分别负责收入与支出的管理①,采用了九府出纳制度②与交互考核制度③。在十四五世纪,意大利发明借贷复式记账法后,便利用各账户之间的勾稽关系,相互核对,体现内部牵制的作用。此即内部控制之萌芽阶段,其目的主要是防止财产的损失,手段采用的是以统计来查找错的事后控制手段。

内部控制的第二阶段为 20 世纪 40 年代的内部牵制 (internal check),内部牵制是指一个人不能完全支配账户,另一个人也不能独立加以控制的制度。④由于以两权分离为特征的股份制公司的不断发展,控制的概念在企业里面得到了深化,因为两权分离的最大风险就是受托人道德风险与逆向选择,所以,为了保证资产安全、防范舞弊行为,杜绝非法业务的产生,形成了以钱、账、物等会计事项为主要对象,以业务授权、职责分工、双重记录、定期核实为手段,以实物牵制、机械控制、制度控制与簿记牵制为关键环节的内部牵制制度。其本质在于控制流程的设计要求每项业务都通过其他部门或个人的交叉检查或交叉控制来完成,以保证每项业务能完整正确地经过规定的处理程序。

第三个阶段为内部控制制度阶段,时间在 20 世纪 50—70 年代,其理论特征为"二分法",即会计控制与管理控制。

内部控制制度理论实际将控制会计审计领域扩大到了管理层面,其起因就是麦克森·罗宾斯案件。

罗宾斯药材公司案例对审计工作产生了两方面的影响:

其一,究竟谁应对财务报表的真实性负责。如审计人员审定的财务报表

① 据《周礼》记载,自商代开始就有"冢宰"一职,主要管理政府财计事务。到周朝后期"冢宰"下设小宰、司会,其中司会行使会计职责,小宰掌管财物,小宰一职下又设宰夫、大府之职。大府掌管国库,宰夫掌管审计事务。

② 周朝的财计官制确定与组织设置总体格局及其所体现的总精神,主要是"九府出纳,统由司会监管"。所谓"九府出纳","九府"是指职内,职币,大府,玉府,内府,外府,泉府,及春官宗伯统管之下的天府和秋官司寇统管之下的职金。天府掌管祖庙里的全部财物,职金则掌管锡石、颜料和罚金。由于以上九大保管部门掌管着整个王朝的财物保管与收发工作,古史称"周礼九府"。

③ 西周还采取交互考核的控制办法,其基本内容就是对同一经济事项,同时从两个不同方面进行反映,进行对比考核。一般包括:①会计报告岁会、月要、日成的参交互考;②财物保管部门和会计核算部门的会计报告的参交互考。

④ 见 R. H. 蒙哥马利《审计:理论与实践》。《柯氏会计辞典》对内部牵制的定义是"以提供有效的组织与经营,并防止错误和其他非法业务发生的业务流程设计"。

与事实不符，审计人员应负哪些责任？对此，美国注册会计师协会下属的审计程序委员会，早在 1936 年就指出："对财务报表负责的主要应是企业管理部门，而不是审计人员。"如果审计人员审定的财务报表与事实不符，则要分清事实不符的原因。当企业内部因共同合谋而使内部控制制度失效时，即使再高明的审计人员，在成本、时间的限制下，也是无法发现这些欺骗行为的。为此，当纽约州司法部部长约翰·贝内特在举行听证会，以罗宾斯案件指责审计人员时，立即遭到审计人员的反驳。他们说："在司法部部长所引证的大部分案子中所涉及的审计问题，只是人的行为本身的失败，而不是一般所遵循的程序失败。"因此，"美国注册会计师协会仍然决定不修改 1936 年的声明，继续发展公认审计程序"。所以，罗宾斯药材公司案件，使审计人员再一次认识到，审计是存在风险的。对这个风险，如是属于企业内部人为造成，则审计人员不应对此负责。审计人员还进一步认识到，建立科学、严格的公认审计程序，使审计工作规范化，能够有效地保护尽责的审计人员免受不必要的法律指责。

其二，对现行审计程序进行了全面检讨。罗宾斯药材公司案件也暴露了当时审计程序的不足：只重视账册凭证而轻视实物的审核，只重视企业内部的证据而忽视外部审计证据的取得。在罗宾斯破产案件听证会上，12 位专家提供的证词中列举了这两个不足。证券交易委员会根据这个证词，颁布了新的审计程序规则。在规则中，证券交易委员会要求：今后审计人员在审核应收账款时，如应收账款在流动资产中占有较大比例，除了在企业内部要核对有关证据外，还需进一步发函询证，以从外部取得可靠合理的证据。在评价存货时，除了验看有关账单外，还要进行实物盘查，除此之外还要求审计人员对企业的内部控制制度进行评价，并强调了审计人员对公共利益人员负责。与此同时，美国的注册会计师协会所属的审计程序特别委员会，于 1939 年 5 月，颁布了《审计程序的扩大》，对审计程序作了上述几个方面的修改，提出了内部控制的概念[①]，使它成为公认的审计准则。

---

① 《内部控制：协调制度的要素及其对管理和独立公共会计师的重要性》（internal control-elements of coordinated system and its importance to management and the independent public accountants）认为内部控制是"一个企业为保护资产完整、保护会计资料的准确与可靠、提高经营效率、贯彻管理部门制定的各项政策，所制定的政策、程序、方法和措施"。

但由于定义过于宽泛，包含了不为审计师所能承受的审计风险，如管理方面的风险并不是通过审计就可以完全发现的，所以不为审计师所接受。在此情况下，美国注册会计师协会审计准则委员会（AICPA-ASB）提出了内部控制分为会计控制与管理控制两个部分。1972 年，美国注册会计师协会（AICPA）在《审计准则公告第 1 号》（SAS NO. 1）中阐述了内部会计控制与内部管理控制的定义，指出，内部会计控制由旨在保护资产和财务资料可靠性的有关程序和记录构成，而内部管理控制包括但不限于组织计划及与管理部门授权办理经济业务的决策过程有关的程序及记录，并说明内部管理控制是内部会计控制的起点。显然，二分法将内部控制分为会计控制与管理控制，厘清了审计师的责任，但使得审计角度的内部控制和管理者的期望产生了较大的差异，同时，使得内部控制的外延得以扩大。

第四个阶段性为 20 世纪 80—90 年代的内部控制结构完善阶段，主要内容包括控制环境、会计系统及控制程序。

二分法减轻了注册会计师审计时的评价责任，但增加了审计风险，尤其是不能防范和发现企业大多数内外部的欺诈事件。且由于随着 20 世纪 80 年代之后跨国经营及外汇交易等使得企业的业务更加趋于复杂，以及系统管理理论在管理领域的应用，人们认为必须用系统的观点来考虑内部控制的要素之间的关系，基于此，1988 年 AICPA 在《审计准则公告第 5 号：财务报表审计中对内部控制的考虑》提出了内部控制结构的概念，认为：内部控制结构包括为合理保证企业特定目标的实现而建立的各种政策和程序，共三个要素，即控制环境、会计系统及控制程序。

所谓控制环境，是指对建立、加强或削弱特定政策、程序及其效率产生影响的各种因素，包括：诚信的原则和道德价值观念，董事会和审计委员会，管理哲学和经营风格，组织结构，责任的分配和授权及人力资源政策等；而会计系统（Accounting System），即影响企业经营业绩和财务状况的事件进行日常处理的一整套记录、程序和设施。在单位的内部控制结构中，单位为了记录、分析、汇总、分类、报告单位的业务活动而建立的方法和程序，称为会计系统。而控制程序是指管理者所制定的用以保证达到一定目标的方针和程序，包括批准权、职责分工等。

第五个阶段是 20 世纪 90 年代的内部控制整体框架阶段，即 COSO 框架理论的提出。

　　由于财务舞弊问题的大量出现，1992 年，COSO 委员会（committee of
sponsoring organizations of the tread way commission）发表了《内部控制—整
合框架》（Internal Control Integrated Framework）的研究报告；1995 年，美
国注册会计师协会（AICPA）发布了《审计准则公告第 78 号：在财务报告审
计中内部控制的考虑》（SAS NO. 78）取代了 SAS NO. 55，认为内部控制是一
个过程，由五个相互关联的要素组成。此即学术界所称的内部控制"五点论"。
COSO 内部控制整体框架的核心内容是内部控制的定义、目标和要素。报告中
提出的观点，超越了内控思想的以往理论内部牵制、内部控制制度和内部控制
结构等理论，代表着当前国际上内部控制研究的最高水平，涵盖了组织运营、
法律遵循及财务报告的所有过程。被首席执行官、理事会成员、监管者、准则
制定者、职业组织以及其他人士视为内部控制方面合理的综合（整体）框架。
具体如图 2-1 所示。

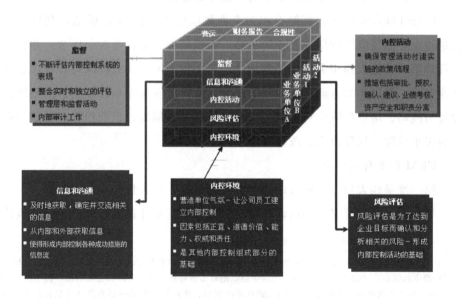

图 2-1　内部控制整体框架

　　而安然丑闻与世界通讯公司丑闻等则促使 2002 年美国颁布了《萨班斯法案》[①]。其中,《萨班斯法案》第 404 号条款要求公众公司管理层每年对其财务报告内部控制的效果进行评估和报告,企业的 CEO 和 CFO 要对财务的内控有效性做出声明,同时要向投资者证明其是有效的。较小型公众公司在面对执行第 404 号条款的挑战时,承受了意料之外的成本。为了指导较小型公众公司执行第 404 条款,美国反虚假财务报告委员会管理组织于 2006 年发布了《较小型公众公司财务报告内部控制指南》(以下简称《指南》),就如何按照成本效率原则使用《内部控制—综合(整体)框架》设计和执行财务报告内部控制,为较小型公众公司提供了指导。

　　第六个阶段,风险管理框架(COSO-ERM 框架)阶段。

　　同样由于安然丑闻与世界通讯公司丑闻等原因,2004 年 9 月,COSO 正式公布《企业风险管理—整合框架》。COSO 于 1992 年制定的《内部控制—整合框架》是业界普遍认可的标准,而 2004 年 COSO 对内部控制标准进行了延伸,推出了《企业风险管理—整合框架》,并得到了迅速推广。

　　COSO 风险管理整合框架也称为全面风险管理(ERM)框架,其核心理念是将企业的风险管理融入企业的战略、组织结构、流程等各个环节,并将风险管理第一责任人锁定为从事经营活动的第一行为人,从而将风险管理渗透到企业经营、管理的方方面面。COSO 认为风险管理应发挥 6 大作用:衔接风险容量与战略、增进风险应对决策、抑减经营意外和损失、识别和管理贯穿于企业的多重风险、抓住机会、改善资本配置。

　　ERM 框架有三个维度:

　　第一维是四大目标,即战略目标、经营目标、报告目标和合规目标;

　　第二维是八大要素,即内部环境、目标设定、事件识别、风险评估、风险

---

　　① 为了应对安然财务丑闻及随后的一系列上市公司财务欺诈事件所造成的美国股市危机,重树投资者对股市的信心,2002 年 7 月 26 日,美国国会以绝对多数通过了关于会计和公司治理一揽子改革的《萨班斯—奥克斯利公司治理法案》(简称《萨班斯法案》)。萨班斯法案是一部涉及会计职业监管、公司治理、证券市场监管等方面改革的重要法律。由于该法案在颁布时没有提出具体的适用豁免条件,这就意味着目前所有在美国上市的公司,包括在美国注册的上市公司和在外国注册而于美国上市的公司,都必须遵守该法案。其基本目标就是:"遵守证券法律以提高公司披露的准确性和可靠性,从而保护投资者及其他目的。"主要包括以下七项内容:①成立独立的公众公司会计监察委员会,监管执行公众公司审计职业;②要求加强注册会计师的独立性;③要求加大公司的财务报告责任;④要求强化财务披露义务;⑤加重了违法行为的处罚措施;⑥增加经费拨款,强化 SEC(美国证券交易委员会)的监管职能;⑦要求美国审计总署加强调查研究。

对策、控制活动、信息和交流、监控；

第三维是企业的各个层级，包括整个企业、各职能部门、各条业务线及下属各子公司。

三个维度的相互关系是：八大要素为四大目标服务；各个层级都要坚持四大目标和八大要素。

与内部控制框架相比，第六阶段有这样几个变化：

第一，新的 COSO 报告增加了一个观念、一个目标、两个概念，即风险组合观、战略目标及风险偏好①和风险容忍度②的概念。

第二，增加了三个要素，即目标设定、事件识别、风险对策。

第三，不是单纯从业务层面考虑风险，扩展到了整个企业的角度。风险组合观要求企业管理者以风险组合的观点看待风险，对相关的风险进行识别并采取措施使企业所承担的风险在风险偏好的范围内。对企业内每个单位而言，其风险可能落在该单位的风险容忍度范围内，但从企业总体来看，总风险可能超过企业总体的风险偏好范围，因此，应从企业总体的风险组合的观点看待风险，因此是一个全面风险观。

第四，要求企业设立一个新的部门——风险管理部，专门进行风险管理。

第五，财务报告目标的界定则有所扩展，内部控制框架中的财务报告目标只与公开披露的财务报表的可靠性相关，而企业风险管理框架中的报告目标的范围有很大的扩展，该目标覆盖了企业编制的所有报告。

总的来讲，新的框架强调在整个企业范围内识别和管理风险的重要性，强调企业的风险管理应针对企业目标的实现在企业战略制定阶段就予以考虑，即从顶端设计时就给予充分考虑；而企业在对其下属部门进行风险管理时，应对风险进行加总，从组织的顶端、从全局的风险组合观来看待风险。

可见，从发展趋势上讲，内部控制将不再局限于审计领域，开始向企业管理和企业治理拓展。

---

① 风险偏好，是指企业在实现其目标的过程中愿意接受的风险的数量。企业的风险偏好与企业的战略直接相关，企业在制定战略时，应考虑将该战略的既定收益与企业的风险偏好结合起来，目的是帮助企业的管理者在不同战略间选择与企业风险偏好相一致的战略。

② 风险容忍度，是指在企业目标实现过程中对差异的可接受程度，是企业在风险偏好的基础上设定的对相关目标实现过程中所出现差异的可容忍限度。在确定各目标的风险容忍度时，企业应考虑相关目标的重要性，并将其与企业风险偏好联系起来。

2.2 风险管理理论沿革

2.2.1 风险的定义

风险就是不确定性，或者说不确定性可能给人们导致的损失[①]。最早提出风险概念的是美国学者海恩斯，他说："风险一词在经济学和其他学术领域并无任何技术上的内容，它意味着损害或损失的可能性。"[②] 而西式姆斯格（sum segal）则认为风险包括上行波动与下行波动[③]。公元前 916 年和公元前 400 年，有学者提出了共同海损制度和船货押贷方法，也包含着风险管理的思想。

风险管理的思想在我国很早就体现出来，如被许多商人奉为财神的范蠡就提出了"水则资车，旱则资舟，物贱极则贵，物贵极则贱"的经营思想，这就是朴素的风险管理思想。"水"即有大水的时候、涝的季节，意思是在洪涝季节时就要开始准备旱天的时候所用的车；"旱"即旱季。这句话的意思是：在别人还忙着打造车的旱季，我们就要开始准备有水的时候用的舟了；物品价格低到一定程度必然要上涨，而贵到一定程度则必然要下降。这不仅包含着市场供求规律的内涵，也含着风险管理的思想。

2.2.2 风险的分类

风险可分为以下几类。

第一，价格风险（price risk）。是指由于输出价格或输入价格的可能变动所导致的现金流量的不确定性。输出价格风险是公司提供的产品和劳务的价格变动风险，输入价格风险指的是公司为其生产过程顺利进行而支付的原材料、劳动力及其他生产要素的价格变动的风险。由于实物商品的市场价格即为其价格，外汇的价格为汇率，资金的价格为利率。所以，广义上讲，价格风险包括

---

① 郝家龙：《基于煤炭价格指数的风险管理研究》，北京：新华出版社，2008 年版。
② 海恩斯：*risk as a economic factor*，1895 年版。
③ Sim Segal：*corporate value of enterprise risk management：the next step in business management*。

商品价格风险、汇率风险和利率风险。

第二，信用风险（credit risk）。指客户和借贷方不能履约时，对方便会面临信用风险。信用风险产生的原因较多，可能是道德方面的原因，也可能是由于价格风险等导致的。

第三，纯粹风险（pure risk）。指只有造成损失或无变化可能性的风险，其不产生任何利益。传统的风险管理，即保险，就是对纯粹风险进行管理的。比如由于物理损坏、被盗及政府征收而引起的公司资产减少的风险、由于人身伤害或财产损失必须承担的法律责任的风险等。纯粹风险导致的损失不能给其他方带来收益，这和通常意义上的风险是有差别的，通常意义上的风险意味着一方损失而一方收益。

第四，投机风险（speculative risk）。是指涉及价格变动的风险，它可能是一种损失，也可能是一种收益。大多数投机风险都不涉及购买保险，但可以通过一些衍生证券融通资金。除此之外，风险可以从更多不同角度加以划分，如可以分为经济风险（financial risk）与非经济风险（no financial risk），动态风险（dynamic risk）与静态风险（static risk），重大风险（fundamental risks）与特定风险（particular risk），美国的菲利普·乔瑞（Philippe Jorion）还将之划分为商业风险（business risk）、非商业风险（no business risk）与金融风险（financial risk）等[①]，不予赘述。也有从企业管理的角度，将之分为战略风险、经营风险与财务风险。而在《中央企业全面风险管理指引》中，则定义为："企业风险，指未来的不确定性对企业实现其经营目标的影响。企业风险一般可分为战略风险、财务风险、市场风险、运营风险、法律风险等；也可以能否为企业带来盈利等机会为标志，将风险分为纯粹风险（只有带来损失一种可能性）和机会风险（带来损失和盈利的可能性并存）。"[②]

2.2.3　风险管理（risk management）的定义

风险分为纯粹风险和价格风险、投机风险，其中纯粹风险又称为可保风

　　① 菲利普·乔瑞：《风险价值：金融风险管理新标准》，郑伏虎，译，北京：中信出版社，2010年版。

　　② 国务院国有资产监督管理委员会："中央企业全面风险管理指引"，http：//www.gov.cn/ban-shi/2006—06/22/content_317160.htm.2006 年 6 月 6 日阅。

险，然而并不是所有的纯粹风险都是可保的，保险是对部分的纯粹风险的管理工作，所以，狭义的风险管理是指有关纯粹风险中可保风险的管理决策，即应用管理原理去管理一个组织的资源和活动，并以合理的成本尽可能减少灾害事故损失和它对组织及其环境的不利影响。而广义的风险管理指识别、衡量并控制各种风险的过程，是为处理潜在风险损失的计划和安排，其核心是处理一个组织的意外损失风险，从而保障其资产安全，显然，它不仅包括纯粹风险的管理，更包括价格风险与投机风险的管理。

2.2.4 风险管理的基本方法

我们一般提及的风险管理手段就是保险，事实上，保险是针对可保风险管理的。可保风险管理（纯粹风险管理）是由 Robert Mehr 和 Bob Hedges 于 20 世纪 60 年代建立的，其基本框架为：风险可以通过购买保险或金融套期保值交易转移给其他方，以主动或被动的方式自留，可以通过加强对损失原因或危险因素的控制而减少，可能通过减少从事风险性的活动而减少。而风险管理不仅指对可保风险的管理，也指对非可保风险的管理。目前，总体上讲，风险管理的方法和上述基本是一致的，分为损失控制、损失融资、内部风险抑制。损失控制就是指降低损失频率和减小损失程度的各种行为。如保险就是减少损失程度的一种行为，而损失融资主要指自留风险与自保、购买保险、对冲和其他合约化的手段。显然，对于纯粹风险可以采用购买保险的方式，而价格风险是不可以通过购买保险或者目前还没有此方面的保险可以通过其来管理风险的，而风险自留、对冲及其他合约化手段则在价格风险中具有极为重要的价值；内部风险抵制即通过企业的内部管理来减少风险，将主要风险分散化，如进行信息投资，信息投资的目的是尽可能多地获取相关信息，以增加决策的可准确性。

损失控制是一种事前的风险管理行为，主要企业通过减少风险行为和提高预防能力来减少风险事件的发生，以规避风险，如企业通过全员风险管理，通过风险文化建设来提高职工的风险意识，就是一种损失控制行为，也是一种事前控制行为；而损失融资则是当前最为广泛的风险管理行为，自留与自保就是企业通过自我的资金积累，来抵补风险事件的损失，这是多数企业常有的风险管理手段，而保险则是当前更为广泛的风险管理工具，即企业通过购买保险从而使风险转嫁于其他主体。对冲及其他合约化手段就是指金融衍生产品在风险管理中的运用；内部风险抑制有两种方式，即分散化与信息投资，分散化即投资行为的分散化，投资组合理论已证明分散化对规避风险的重要意义，经济学上常讲的"不要把鸡蛋装在一个篮子里"就是对它的形象表述。

2.2.5　风险管理的基本程序

风险管理行为一般应在损失之间实施，其基本程序分为风险识别与风险评估、风险管理方法的选择、实施和评价四个阶段。

第一，识别并度量风险。从纯粹风险的角度讲，主要是利用保险公司提供的财产核查表，对各种财产的损失进行估价。而价格风险则是通过对价格的波动性的度量，来确定输入与输出的价格风险。主要研究引起风险的原因是什么，即危险原因有哪些，风险会产生怎的后果，并利用 VAR 技术及其他相关的风险度量技术对风险进行度量，银行经常用压力测试①的方法来评估其风险。鉴别经济主体所面临的风险究竟是致命风险（critical risks），即可能对经济主体造成巨大损失，诱发其破产的风险；严重风险（important risks），即损失不致破产，但经济主体必须借款方可维持经营的风险，会给经济主体带来财务危机；还是一般风险（unimportant risks），指风险所致损失企业以现有的财力即可补偿，不会带来财务危机。

第二，开发并选择风险规避工具。对于公司或企业存在的风险，就要考虑采用什么样的方法加以规避和防范。所谓规避风险，实际包含风险的避免和风险的转移，保险是针对可保性风险的规避举措，而对于非可保性风险，采用的主要规避方法是运用各种金融衍生工具，采用对冲的手段进行风险规避，或通

---

① 压力测试，是确立系统稳定性的一种测试方法，通常在系统正常运作范围之外进行，以考察其功能极限和隐患。压力测试以定量分析为手段，测试小概率事件对银行的损失，能够帮助商业银行充分了解潜在风险因素与银行财务状况之间的关系，深入分析银行抵御风险的能力。银行的压力测试通常包括信用风险、市场风险、操作风险、其他风险等方面内容。压力测试包括敏感性测试和情景测试等具体方法。敏感性测试旨在测量单个重要风险因素或少数几项关系密切的因素由于假设变动对银行风险暴露和银行承受风险能力的影响。情景测试是假设分析多个风险因素同时发生变化以及某些极端不利事件发生对银行风险暴露和银行承受风险能力的影响。根据测试结果，可将压力分为轻度压力、中度压力及严重压力。

过各种合约性手段将风险完全让渡给一些投机者。

第三，实施所选择的风险管理方法。

第四，对风险管理的实施结果进行跟踪监督，并加以评价，根据实施的结果和期望的目标，进行调整，实现动态的管理。

2.2.6 风险管理理论发展综述

当代史学家彼得·伯恩斯坦在论述人类文明史时断言："确定现代与过去之分界的革命性理念是对风险的掌握。"① 所以，人类对风险管理的研究极为关注。

一般而言，理论界认为风险管理始于美国，因为早在 1939 年麦考利（Federich Macaulay）和希克斯（John Hicks）就提出了债券久期这一很有实用价值的风险管理工具，并用来比较期限相同但支付结构不同的债券的衡量标准；而事实上，第一个准确、科学地描述风险的科学家是瑞士数学家贝努利，它在 1705 年发现了大数定律。大数定律后来成为一切保险的计价基础。而第一家保险公司则于 1720 年在伦敦成立。当时英国人已经在定价时使用了抽样的统计方法。标志着风险管理在实际应用中的重大进展。风险管理的之所以被许多学者认为起源于美国，是因为在 20 世纪 50 年代，人们开始关注纯粹风险的管理，并使风险管理在美国得到了迅速的发展。最早的文献之一是 Russell B. Gallagher 于 1956 年发表于《哈佛商业评论》中的一篇论文，在该论文中 Russel B. Gallagher 认为在企业中应有专门的机构负责管理企业的纯粹风险。事实上，这篇文章只是概述了风险管理经理在工作中最重要的原则，而保险经理在此之前的 20 世纪初已在美国出现，如 1931 年，美国管理协会就建立了保险分会；1932 年，纽约保险购买者协会成立；20 世纪 50 年代，美国工商企业界发生了两件大事，一件是通用汽车公司的一场大火造成了 5000 万美元的巨额经济损失，另一件是由于团体人身保险福利和退休金问题，钢铁业发生了长达半年的工人罢工，给国民经济带来难以估量的损失。这两件大事震动了理论

---

① 经济学家和历史学家彼得·伯恩斯坦（Peter Bernstein）曾就概率论写下了一本发人深省的著作——《与天为敌》（Against the Gods）。伯恩斯坦在书中表示，区分现代社会与前现代社会的一个关键是：人们如何看待风险。

界和工商企业界，使工商企业高层决策者真正意识到风险管理的重要性，风险
管理实践与理论研究因此在美国工商企业界迅速发展起来，成为风险管理科
学发展的契机。故而，1950 年，全美保险购买者协会成立，并在后来演变
为美国保险管理学会。1975 年，美国的保险者购买协会改名为风险及保险
管理学会，并出版了《风险管理》杂志，这意味着人们对风险的研究从最初
的购买保险转向更为合乎成本—效益原则的其他方式，也标志着风险管理原
理的确立，即基于管理的理念，通过识别和评价面临的风险，通过计划，避
免一些损失的发生，而使其损失最小化。但是只局限于金融风险管理领域，
而风险分析工具也局限于金融领域。如 1952 年，马柯威茨提出了均值—方
差结构；1963 年，夏普资本资产定价模型提出；1966 年，多因素模型提出；
1973 年，布莱克—斯科尔斯期权定价模型提出；1979 年，二项式期权定价
模型提出，具体见表 2-1。

表 2-1　风险分析工具发展过程表

时　　期	风 险 管 理 分 析 工 具
1938 年	债券久期
1952 年	马柯威茨均值—方差结构
1963 年	夏普资本资产定价模型
1966 年	多因素模型
1973 年	布莱克—斯科尔斯期权定价模型
1979 年	二项式期权定价模型
1983 年	风险调整资本收益率
1986 年	久期风险
1988 年	银行风险加权资产
1992 年	对希腊字母的限制
1993 年	压力测试
1994 年	风险矩阵
1997 年	信用矩阵
1998 年至今	信用和市场风险一体化
2000 年至今	企业风险管理

　　风险管理的思想在 20 世纪 60 年代后，从美国传播到欧洲、亚洲的一些国家和地区，1973 年，欧洲成立了日内瓦协会，并在 1976 年 8 月创办了《风险与保险管理》杂志，作为该会的会刊；而在亚洲，风险管理由日本开始，主要由到美国的一些大学进行风险管理学术研究的学者推动。20 世纪七八十年代，美国的三厘岛核事故、联合公司的毒气泄漏事故、苏联的切尔诺贝利核事故等一系列事件，大大推动了风险管理在全球范围内的迅速发展。继美国之后，英、日、法、德等国纷纷建立全国性和地区性风险管理协会。1983 年，世界各地的专家学者在美国风险与保险管理学会的年会上，通过了针对危害性风险的"101 条风险管理准则"，其中包括风险管理的一般原则、风险评估、风险控制、风险财务处理、索赔管理、职工福利、退休年金、国际风险管理等。1986 年，欧洲 11 个国家共同成立了欧洲风险研究会，由于银行风险的增大引起了国际上的关注，国际清算银行于 1988 年发表了第一个巴塞尔协议，提出了商业银行的经营规范。1995 年，澳大利亚和新西兰联合制订的 AS/NZS 4360 明确定义了风险管理的标准程序，标志着第一个国家风险管理标准的诞生。

　　但是上述的风险管理是针对金融企业提出和发展的，即通过保险来承受或转嫁风险，并没有涉及其他行业，尤其没有从企业管理的角度进行详细与系统的分析，所以，曹元坤、王光俊将之归于基于保险与财务方面的风险管理阶段[①]。

　　风险管理发展的第二阶段是企业风险全面管理阶段。其特点是风险管理在企业领域从单一、局部或分离性层面转到了企业整体层观，风险管理从模型化转到了框架标准化。

　　美国风险管理学家威廉·姆斯在其所著的《财务风险管理》一书中，强调了风险管理对企业这一组织的重要性并将风险管理内容概括为以下三个方面：

　　一是对企业所面临的所有风险做出准确和及时的测量。

　　二是建立一种过程用以分析企业总风险在生产经营业务范围内的评估。

　　三是在企业内部建立专门负责风险管理的部门，以控制企业风险和处理企业风险发生所带来的损失。

---

① 曹元坤、王光俊：《企业风险管理发展历程及其研究趋势的新认识》，载《当代财经》2011 年 1 月。

事实上，近年来由于各种类型的企业风险不断增加，尤其自 20 世纪 90 年代末起，伴随着信息技术的发展、全球经济一体化导致的激烈竞争、企业组织结构的变化、越来越多的偶发事件等，使企业在原有的风险上增添了集中性风险、恐怖主义主义风险等，使得企业风险管理的范围和深度都有了实质性的发展，人们不仅注意到财务风险的管理，而且越来越认识到战略风险、经营风险对企业生存与发展的重要性。正是基于这些影响，越来越多的企业开始重视风险管理，风险管理也与战略管理、运营管理一起，合称为企业三大管理活动。1992 年，Kent D. Miller 提出了整合风险管理的概念，至 21 世纪初，形成了整合风险管理、整体风险管理、综合风险管理等多个学派，强调风险与管理的结合，并力图从企业管理的层面对风险管理进行研究。2001 年，Shimpi 出版《整合性公司风险管理》，对资本管理风险、公司财务风险、个别与整合风险进行了论述；2003 年，Doherty 出版《综合风险管理》提出风险管理应关注所有影响公司价值的风险；2004 年 9 月，COSO 提出 ERM，将风险管理纳入企业各种活动中，而非局限于财务方面，而企业风险管理的模式也从呈现出三个变化，即由分散的以部门为单位的风险管理转为一体化协同模式，由非连续的具有针对性的重点环节或重要时间的风险管理转向连续性的风险管理，由局部的、小范围的风险管理转向全员性的、全局性的风险管理。

我国大概是在 20 世纪 80 年代恢复保险业务后开始关注风险管理并对之进行研究的，起初风险管理主要在金融领域，后涉入采矿、设备维护与更新、自动仪表的可靠性分析等领域。但由于一些企业风险事件的发生，理论界对风险管理越来越关注。2006 年 6 月，国资委发布了《中央企业全面风险管理指引》，标志着我国风险管理理论发展到了整个企业的层面。

2.3　内部控制与风险管理的逻辑关系辨析

尽管 COSO 提出了全面风险管理框架（ERM 框架），但也不能认为内部控制等同于风险管理。如，2014 年《行政事业单位内部控制规范（试行）》提出实施内部控制规范的任务主要是：梳理各类经济活动业务流程，明确业务环节；分析风险活动，确定风险点；健全管理制度，提高内控信息化水平。其立足点还是在内部管理水平，控制由于内部活动导致的风险，并没有提出全面风险管理而否定内部控制。所以，将全面风险管理作为内部控制的发展的一个阶段，也值得商榷。

第一，COSO对内部控制与风险管理的定义及其组成要素有明确的规定，如定义内部控制为：企业内部控制是由企业董事会、经理层以及其他员工共同实施的，为财务报告的准确性、经营活动的效率与效果、相关法律法规的遵循等目标的实现而提供合理保证的过程。它包括五个方面的组成要素：控制环境、风险评估、控制活动、信息与沟通、监督。而将风险管理界定为：企业风险管理是一个过程，是由企业的董事会、管理层以及其他人员共同实施的，应用于战略制定及企业各个层次的活动，旨在识别可能影响企业的各种潜在事件，并按照企业的风险偏好管理风险，为企业目标的实现提供合理的保证。它有8个组成要素：内部环境、目标设定、事件识别、风险评估、风险对策、控制活动、信息与沟通、监督。从COSO的定义比较，企业风险管理与内部控制存在如下差异。

① 目标差异。尽管都是为企业目标的实现而提供合理的保证，但二者并不完全相同。风险管理的目标有四类，其中三类与内部控制相重合，即报告类目标、经营类目标和遵循类目标。但报告类目标有所扩展，它不仅包括财务报告的准确性，还要求所有对内对外发布的非财务类报告准确可靠。另外，风险管理增加了战略目标，即与企业的远景或使命相关的高层次目标。这意味着风险管理不仅能够确保经营的效率与效果，而且介入了企业战略（包括经营目标）制定过程。

② 要素差异。风险管理增加了目标设定、事件识别和风险对策三个要素。而重合的要素中，内涵也有所扩展，内部控制环境包括诚实正直品格及道德价值观、员工素质与能力、董事会与审计委员会、管理哲学与经营风格、组织结构、权力与责任的分配、人力资源政策和实践七个方面。风险管理的"内部环境"除包括上述七个方面外，还包括风险管理哲学、风险偏好（risk appetite）和风险文化三个新内容。在风险评估要素中，风险管理要求考虑内在风险与剩余风险，以期望值、最坏情形值或概率分布度量风险，考虑时间偏好以及风险之间的关联作用。

③ 在信息与沟通方面，风险管理强调了过去、现在以及未来的相关数据的获取与分析处理，规定了信息的深度与及时性等。

④风险管理提出了风险组合与整体风险管理（integrated risk management）的新观念。《企业风险管理框架》借用现代金融理论中的资产组合理论，提出了风险组合与整体管理的观念，要求从企业层面上总体把握分散于企业各层次及各部门的风险暴露，以统筹考虑风险对策，防止分部门分散考虑与应对风险。如，将风险割裂应用于技术、财务、信息科技、环境、安全、质量、审计等部门，并考虑到风险事件之间的交互影响，防止两种倾向：一是部门的风险处于风险偏好可承受能力之内，但总体效果可能超出企业的承受限度，因为个别风险的影响并不总是相加的，有可能是相乘的；二是个别部门的风险暴露超过其限度，但总体风险水平还没超出企业的承受范围，因为事件的影响有时有抵消的效果。此时，还有进一步承受风险，争取更高回报与成长的空间。按照风险组合与整体管理的观点，需要统一考虑风险事件之间以及风险对策之间的交互影响，统筹制定风险管理方案。

所以，从上述分析看，风险管理与内部控制是不能等同的。

第二，内部控制是管理层、董事会、其他管理机构旨在为企业达到目标而采取的行动；而风险管理是企业为达到目标而对可能产生影响的事件进行管理。

第三，从掌控与管理风险的范围来讲，内部控制管理风险的范围小于风险管理。企业管理的风险可以分为战略风险、经营风险与财务风险。在《中央企业全面风险管理指引》中，则具体界定企业风险指未来的不确定性对企业实现其经营目标的影响。分为战略风险、财务风险、市场风险、运营风险、法律风险等；而内部控制主要是从审计的角度，控制的是企业的财务风险。《内部控制—整体框架》对内控活动的定义是保证管理活动付诸实施的政策与流程，措施包括审批、授权、确认、建议、业绩考核、资产安全及职责分离。显然内控的范围还是局限于企业内部管理的，是从流程的规范性、合规性来保证管理活动的风险，局限于内部活动所产生的风险。而 COSO 风险管理整合框架，或称为全面风险管理（ERM）框架，其核心理念是将企业的风险管理融入企业的战略、组织结构、流程等各个环节，将风险管理渗透到企业经营管理上，其实质也在于掌控由于管理不到位所导致的战略风险、经营风险及财务风险。但是由于外界因素导致的风险，如价格风险、汇率风险（指非将外汇交易作为主要业务的企业）及其他纯粹风险则不在其研究范畴之内。COSO 在其风险管理框架讨论稿中也说明，风险管理框架建立在内部控制框架的基础上，内部控制则是企业风险管理必不可少的一部分，风险管理框架的范围比内部控制框架的范围更为广泛。

第四，手段也有差别，内部控制是指一个单位为了实现其经营目标，保护资产的安全完整，保证会计信息资料的正确可靠，确保经营方针的贯彻执行，保证经营活动的经济性、效率性和效果性而在单位内部采取的自我调整、约束、规划、评价和控制的一系列方法、手续与措施的总称。对于风险管理的内部控制主要通过五个要素来进行管理，没有涉及风险的外包与分担及转移，只是通过流程设计来避免管理经营活动的风险，所以，其主要措施就是审批、授权、确认、建议、业绩考核、资产安全及职责分离，即从管理手段、流程与岗位的控制来管理风险。

第五，监控的对象也不一样，内部控制主要监督企业的财务报告，即便是全面风险管理也不过是要求提供全部的企业报告，具体目标是合理保证经营的效率和效果、财务报告的可信性、相关法律法规的遵循。可见还是从审计的角度来对待风险的，而企业管理的风险是从整个企业的价值的角度来对待风险的，以对企业的价值作为风险管理的目标与出发点。

综上所述，内部控制是风险管理的一部分，风险管理涵盖着内部控制，内部控制是企业管理在不同岗位，不同职能的政策、流程与措施，是根据内部管理的合规性、安全性、效率性的目的所作出的安排，而且更多是从财务与资产安全的角度考虑，其评价是根据审计结果来确认的。而风险管理的评价是根据损失的大小、最终通过企业的价值来确认的。

2.4 基于风险管理的内部控制设计流程及理论框架

企业的目标与性质决定了其是一个赢利性的组织，而不同企业所处的行业决定了其经营特点，企业的战略目标及经营特点决定了它必须构建一个组织去实现和完成其目标，组织中的基本元素即为部门（或流程节点），部门是一个完成特点环节或特定具体工作的单元，企业要实现目标，必须完成不同的业务，换句话讲，企业所有的经营行为或运营行为可以分为不同的业务群，也可以叫流程，比如，决策流程、采购流程、生产流程、销售流程、售后服务流程、业绩考核流程，这些流程由不同的部门（可以叫操作单元或节点）完成，也可以由几个操作单元共同完成（流程组），所以要加强风险管理，掌控企业经营中的各种风险，就必须从流程设计的角度考虑，实行事前控制。因为事前控制才是最重要的、最为有效的管理手段，事中控制次之，而事后控制只能避免损失的进一步扩大。

2.4.1　文献综述

基于流程设计的视角，对内部控制与风险管理进行研究的文献很少，而且多数集中于金融行业，如陈瑶（2007）认为银行所面临的风险大体可以概括为市场风险、信用风险和操作风险，比较而言前两者很早就引起了金融机构的重视并已有了较为成熟和完整的风险管理框架。操作风险尽管早就存在，但长期以来没有得到银行业和监管部门的关注，直到 20 世纪 90 年代后国际国内银行业相继发生了一系列重大的操作风险事件，给商业银行带来了巨大资金损失的同时也在社会上造成了很大的负面影响，操作风险因此得到银行业、监管部门以及学者的广泛关注和高度重视。她选取了六个国家中具有代表性的银行，对它们的操作风险内部控制实践进行研究，通过对比分析国内外商业银行操作风险的损失数据得出我国商业银行操作风险主要来源于内部控制体系的失效和不完善的结论，在对我国商业银行操作风险内部控制实践进行研究分析的基础上，为我国商业银行操作风险内部控制的实施和改进提供了一些参考和建议。

曾彦（2009）指出操作风险管理与银行业的发展密切相关，是银行机构打造核心竞争力的重要手段，操作风险管理的效果如何直接影响着银行机构的效益。以广州农商银行操作风险为研究对象，运用理论联系实际、比较分析、归纳演绎等方法，借鉴国外先进银行在操作风险管理领域的经验，结合国内商业银行操作风险管理实践，提出广州农商银行操作风险内部控制方案的具体实施措施。

钱蔚（2011）在借鉴国外商业银行先进的管理经验，提出完善公司治理结构，理顺信贷风险内控制度，优化信贷风险评估方法和技术，建立科学合理的分级授权制度，不断完善统一授信制度，深入推进贷款业务审贷分离制度，加强和改进信贷业务综合信息系统建设，改善信贷业务激励约束机制，建设高度独立的内部审计体系，重点推动信贷文化建设，建设制度、系统、监管、违规惩戒、文化共同制约的内部控制模式，切实提高信贷风险内部控制水平的建议。

李思宇（2012）认为国内外金融机构频频发生巨额损失事件，究其原因，大多是因为金融机构内部控制制度存在漏洞，如内部控制实施不力、人为的欺诈和越权行为、信息技术和设备问题、外部监管及环境问题等，而这些都是操作风险的体现。银行操作风险管理在全球经济一体化、银行竞争日趋激烈的背景下作为风险管理的重要组成部分，正逐渐成为提高商业银行绩效和核心竞争力的保证。2004 年，巴塞尔委员会在《巴塞尔新资本协议》中增加了关于操作风险相关资本的明确要求，提出将操作风险列入风险资本的框架体系中并对操作风险的衡量办法给予标准，指出操作风险与市场风险、信用风险都列为银行的三大风险，正式将操作风险纳入风险资本的计算和监管框架中，并要求为操作风险分配一定比例的资金用于银行风险管理。违章操作、监督不力是诱发这些银行大案的重要因素，但是会计内部控制薄弱，执行力弱也是其中的关键环节。而银行业是一个经营风险的行业，几乎所有经营业务的运行都和会计有关，离不开会计操作，这让会计操作环节当之无愧地成为银行经营活动难以科学管理和防范的高风险区域，能否有效地对各种操作风险进行科学的管理和防范直接关系到银行的发展。李思宇选择了我国商业银行的会计操作风险为研究对象，并结合齐鲁银行骗贷案，提出了相应的内部控制对策。

史茜（2013）认为在商业银行的发展过程中会产生许多因素导致内部控制模式的有效性不能充分发挥，但其最终失败或低效的主要原因是采用了以目标控制为导向的内容式控制模式，解决的主要方法就是建立风险导向的内部控制模式。黄蕙研究了 4 个有代表性的国际跨国银行，比较和分析了国内外商业银行操作风险的损失数据，指出我国商业银行操作风险防范的目标主要停留在防范内部的欺诈上，对国内商业银行内部控制体系的设计进行了探索。

总之，从流程视角对内部控制及风险管理进行研究还是一个新的方向，也是极有现实意义的一个研究方向。而当前的文献表明，从此角度进行研究还比较少，比较零乱，不够系统。内部控制固然可以理解为风险管理的组成部分，但从风险管理的范畴与高度，通过流程设计来完善内部控制体系，以期减少各类风险，保证企业的价值增值，则是一个颇具现实意义及前瞻性的研究工作。

2.4.2 基于风险管理的内部控制的流程设计的基本思路

（1）基于风险管理的内部控制的流程设计的技术路线

企业的风险管理具有内嵌性，也就是必须将风险管理融于企业管理中，企业的各个生产经营流程中。由于不同行业的风险是不一样的，所以，应该对企业的风险状况作一个整体的评估和分析，在此基础上进行风险管理流程的改进与设计。风险管理流程设计的技术路线如图 2-2 所示。

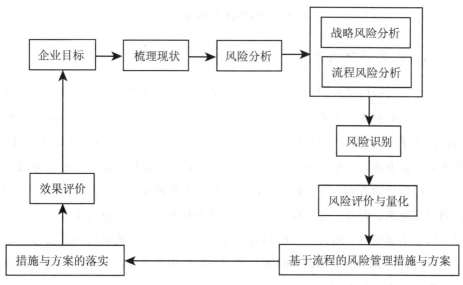

图 2-2 风险管理技术路线图

（2）流程风险控制设计的逻辑思路

显然，基于流程设计的内部控制的边界是针对企业这个封闭的环境的，即是以企业作为边界的，其着眼点并不是全面风险管理，只是对企业内部控制方面的风险进行研究，所以，其风险必须是操作层面的风险或基于企业的运作而产生的风险，而由于政治因素、价格因素、突发的外部事件产生的风险则不在其研究范围之内。也就是说，其研究的对象在于企业内部运营所可能产生的风险。针对具体的操作或流程进行风险分析，应遵循如下的逻辑程序，如图 2-3 所示。

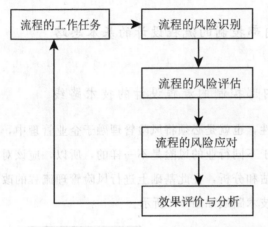

确定流程风险的存在与否及类型，评价风险的概率、损失及其对流程工作任务的影响，对工作程序的设定目标的影响及改进效果，存在的问题

图 2-3　流程风险管理设计图

（3）主要研究内容

基于流程的内部控制研究，并不对内部控制的五个要素做全面的分析与研究，主要针对具体的业务流程，当然，其研究也包括组织构架与战略制定等顶端设计领域的内容。在控制环境要素上，主要研究权限指引与岗位职责描述；在风险评估方面，主要研究业务活动层面的风险数据库及重要业务单位的风险；在控制活动方面，主要研究关键流程的控制管理文件、关键业务与岗位的控制描述规范、财务报告流程及财务分析管理规范；而在信息与沟通环节，则研究信息沟通的路径畅通与否的问题；在监督要素方面，则研究内部监督的流程健全与否、制度缺失与否等问题。基于风险管理的企业内部控制设计主要包括以下 8 个方面的内容：

第一，组织构架的设计及相应的制度及权限问题。

第二，人力资源控制流程，包括人员聘用与业绩考核问题。

第三，融资与投资流程及其控制。

第四，资产管理与财务控制问题，包括物资采购与库存管理问题、财务报告编制及披露问题。

第五，生产系统的风险控制问题，包括研究开发流程之风险控制、技术风险、生产组织风险及业务外包的风险控制问题。

第六，销售与售后服务流程控制问题。包括广告、推广、公共关系等营销控制问题。

第七，信息沟通控制问题。

第八，内部审计与监督流程设计与控制问题。

2.4.3　内部控制流程设计的基本原则

如企业内部控制准则规定，企业进行内部控制的流程设计，也需遵循以下十个原则。

一是合法性原则。内部控制应当符合法律、行政法规的规定和有关政府监管部门的监管要求。

二是全面性原则。内部控制在层次上应当涵盖企业董事会、管理层和全体员工，在对象上应当覆盖企业各项业务和管理活动，在流程上应当渗透到决策、执行、监督、反馈等各个环节，避免内部控制出现空白和漏洞。

三是重要性原则。内部控制应当在兼顾全面的基础上突出重点，针对重要业务与事项、高风险领域与环节采取更为严格的控制措施，确保不存在重大缺陷。

四是有效性原则。内部控制应当能够为内部控制目标的实现提供合理保证。企业全体员工应当自觉维护内部控制的有效执行。内部控制建立和实施过程中存在的问题应当能够得到及时的纠正和处理。

五是制衡性原则。也称相互牵制原则。指对一项完整的经济业务，必须分配给两个或两个以上的部门或人员分别完成，从而形成相互制约。其理论依据在于，几个人发生同一错弊而不被发现的概率是每个人发生该项错弊的概率的连乘积，因而有助于降低误差率。企业的机构、岗位设置和权责分配应当科学合理并符合内部控制的基本要求，确保不同部门、岗位之间权责分明并有利于相互制约、相互监督。履行内部控制监督检查职责的部门应当具有良好的独立性。任何人不得拥有凌驾于内部控制之上的特殊权力①。

六是预防性原则。内控流程的设计理念是为了规避风险，预防可能导致损

---

① 《会计法》规定："记账人员与经济业务事项和会计事项的审批人员、经办人员、财物保管人员的职责权限应当明确，并相互分离、相互制约。"

失的事件的发生，因而其假设前提是可能存在风险，所以其流程设计即针对可能出现的风险采取预防性的措施，制定制度和设计流程。预防性原则是内控的重要原则。

七是程式定位原则。是指在建立内部控制制度时，应该根据各岗位的业务性质和人员要求，相应地赋予作业任务和职责权限，规定操作规程和处理手续，明确纪律规则和检查标准，以使职、责，权、利相结合。岗位工作程式化，要求做到事事有人管，人人有专职，办事有标准，工作有检查，以此定奖罚，以增加每个人的事业心和责任感，提高工作质量和效率。

八是适应性原则。内部控制应当合理体现企业经营规模、业务范围、业务特点、风险状况以及所处具体环境等方面的要求，并随着企业外部环境的变化、经营业务的调整、管理要求的提高等不断改进和完善。另一个意义，内部控制存在一个特点，即愈复杂，程序和环节愈多，风险越小，但是效率会较低。如果为了降低风险，使流程运行效率变得较低，进而影响到企业的运行，则会产生经营效率与效益下降的情况，也会造成经营风险。所以，适应性还指内控要适应经营的特点，在足以规避和管理风险的情况下，要讲求效率。

九是成本效益原则。内部控制应当在保证内部控制有效性的前提下，合理权衡成本与效益的关系，争取以合理的成本实现更为有效的控制。

十是内嵌性原则。内部控制不是独立于企业的业务之外的，而是包含、渗透在各种业务之中的。因为其目的就是控制各种业务可能产生的风险，所以不可能游离于各项业务之外。

2.4.4　内部控制设计的主要流程、节点及其风险分析

COSO(Committee of Sponsoring Organizations of the Treadway Commission) 于 1992 年颁布了《内部控制—整合框架》，提出了内部控制五要素的观点。我国《企业内部控制基本规范》也将内部控制的要素归纳为内部环境、风险评估、控制活动、信息与沟通、内部监督五大方面。根据五要素观点，内部控制设计的主要流程、节点大致可以分为以下几个。

第一，内部环境包括治理结构、机构设置与权责分配、内部审计机制、人力资源政策及企业文化。

治理结构又称法人治理结构，是根据权力机构、决策机构、执行机构和监督机构相互独立、权责明确、相互制衡的原则，实现对公司的治理。

治理结构是由股东大会、董事会、监事会和管理层组成的，决定公司内部决策过程和利益相关者参与公司治理的办法，主要作用在于协调公司内部不同产权主体之间的经济利益矛盾，减少代理成本。所以治理结构的设计具有顶端设计意义。在治理结构中，主要的业务流程应该是战略决策的制定流程、决策的执行流程，主要是决策层面的业务，此类业务具有战略性、宏观性、全局性，对企业的发展有着重大影响。而其节点，主要是董事会、监事会和经理层。股东的利益能不能得到保证，企业会不会实现增值，会不会产生相应的战略风险、经营风险，不仅由具体的业务部门决定，更取决于企业的决策层、管理层的行为。

股东大会（权力机构）、董事会（决策机构）、监事会（监督机构）、总经理层（日常管理机构）为内部控制机构的建立、职责分工与制约提供了基本的组织框架，但并不能满足内部控制对企业组织结构的要求，内部控制机制的运作还必须在这一组织框架下设立满足企业生产经营所需要的职能机构，如设计与技术部门、采购与库存管理部门、生产部门、销售部门、财务部门等，它们共同完成一个或多个业务流程，或者单独完成一个业务流程，这些职能部门的工作都可能给企业带来不同的风险，如采购与库存管理部门、财务部门可能给企业带来缺货风险或资产损失的风险，而销售部门可能给企业带来坏账损失的风险，生产部门可能给企业带来生产所导致的质量风险或安全风险等。所以，这些部门本身就是一个节点或一个流程，如物资采购流程，由生产部门、计划部门、采购部门、仓储部门、财务部门等共同完成，在不同的部门可能产生不同风险，所以，必须在有利于提升管理效能，并保证信息通畅流动的前提下，从流程的目标来设计和考虑各个部门或节点的工作任务与职责，规定相应的作业规范与制度。

第二，关于内部审计。内部审计控制是内部控制的主要形式，甚至内控要求设立独立的内控经理来保证内控的实现。内部审计的范围主要包括财务会计、管理会计和内部控制检查。内部审计机制的设立包括内部审计机构设置、人员配备、工作开展及其独立性的保证等。内部审计是指组织内部的一种独立客观的监督和评价活动，它通过审查和评价经营活动及内部控制的适当性、合法性和有效性来促进组织目标的实现。设立独立的审计部门对内控工作意义很大，但审计业务本身也要进行相应的流程设计，否则就不能真正满足相应的要求。在审计业务流程中，对同样的业务要求不同的审计人员进行独立的审计并对结果进行评价，对审计工作的独立性给予制度上的保证，都是其流程设计必须考虑的因素，否则不足以实现审计的目的，不能给管理层、决策层提供真正的审计报告。

第三，关于人力资源政策。人力资源政策是影响企业内部环境的关键因素，包括的雇用、培训、评价、考核、晋升、奖惩等业务，尤其雇用和绩效评价流程的科学性，对于企业的目的、文化建设、氛围的培养都起到积极的作用。所以，雇用和绩效评价流程是否科学，结果是否公正、诚信，其实是在向员工传达着有关诚信、道德行为和胜任能力的期望水平方面的信息。作为执行内部控制的主体的员工，从中得到的反馈直接影响着其行为，因而人力资源政策的制定流程、员工的雇用流程、员工的绩效评价流程是人力资源管理的三大流程。这三大流程的设计及其制度的制定是人力资源管理的核心，对企业内部控制起到深远的作用。

第四，关于企业文化。企业文化反映企业的核心价值、共同的行为准则与道德规范，对于统一企业员工的行为有着重要的意义，对于风险管理的作用是无形而巨大的。从流程设计的角度看，企业文化建设包含企业文化的界定、企业文化创建及企业文化贯彻等流程。

第五，关于企业风险评估、分析与应对的流程。风险评估主要包括目标设定、风险识别、风险分析和风险应对四个流程。目标设定是一个决策过程，企业必须制定与生产、销售、财务等业务相关的目标，设立可辨认、分析和管理相关风险的机制，以了解企业所面临的来自内部和外部的各种不同风险。风险识别实际上是收集有关损失原因、危险因素及其损失暴露等方面信息的流程。风险识别作为风险评估过程的重要流程，需要相应的数据进行支持，并要求有专门人员和专门的方法；风险分析是在风险识别的基础上对风险发生的可能性、影响程度等进行描述、分析、判断，并确定风险重要性水平的过程。要求根据实际情况采用定性与定量相结合的方法，按照风险发生的可能性及其影响程度等，对识别的风险进行分析和排序，确定关注重点和优先控制的风险。再识别与分析之后，要对风险采取相应的办法进行控制，这就是风险应对。即在分析相关风险的可能性和影响程度基础上，结合风险承受度，权衡风险与收益，确定风险应对策略。如风险规避（如风险转移与风险分担）、风险承受、风险降低。

风险的应对有两方面的内容，其中一个就是风险管理的手段，如转移、分担、自留和降低。转移、分担属于金融方面的应对手段，只有通过控制活动实现风险降低才是本质上的应对措施。具体应对措施有：不相容职务分离控制、授权审批控制、会计系统控制、财产保护控制、预算控制、运营分析控制和绩效考评控制等。企业应当结合风险评估结果，通过手工控制与自动控制、预防性控制与检查性控制相结合的方法，运用相应的控制措施，将风险控制在可承受度之内。

所谓不相容职务，是指那些如果由一个人担任既可能发生错误和舞弊行为，又可能掩盖其错误和舞弊行为的职务。因此对这些职务要进行分离控制。

授权批准是指企业在办理各项经济业务时，必须经过规定程序的授权批准。授权审批控制要求企业根据常规授权和特别授权的规定，明确各岗位办理业务和事项的权限范围、审批程序和相应责任。

财务的舞弊问题是内部控制的一个重点。通过对会计主体所发生的各项能用货币计量的经济业务进行记录、归集、分类、编报等进行的控制来实施会计系统控制，有助于会计信息系统向管理层提供经营管理更准确、真实的信息，向投资者、债权人等提供用于投资等决策的准确信息。

除了不相容职务分离、授权审批及会计信息控制，财产保护控制、预算控制、运营分析控制、绩效考评控制也是应对风险、控制风险的主要举措。

第六，关于信息与沟通的流程、节点及风险。信息与沟通系统是企业作为一个具有一定功能的组织不可或缺的系统，它和其他业务流程是并行的，且包含于其中。比如从市场调研、产品设计、产品生产至销售及货款回收，都存在一个信息沟通的问题，如果没有及时、准确地传递与沟通信息，就会存在信息不对称，导致出现经营风险，所以确保信息在企业内部、企业与外部之间进行有效沟通，是实施内部控制的重要条件。企业应当建立信息与沟通制度，明确内部控制相关信息的收集、处理和传递程序，确保信息及时沟通，促进内部控制有效运行。信息与沟通的要件主要包括：信息质量、沟通制度、信息系统、反舞弊机制，这些是信息沟通流程设计或企业在流程再造中必须考虑的因素。

信息沟通的节点就是收集和发布信息的各个部门，其风险就是由于信息不准确、不及时导致的各类风险。

2.5 案例

【案例1】麦克森·罗宾斯案件

1938年年初，长期贷款给罗宾斯药材公司的朱利安·汤普森公司，在审核罗宾斯药材公司财务报表时发现两个疑问：

其一，罗宾斯药材公司中的制药原料部门，原是个盈利率较高的部门，但该部门却一反常态地没有现金积累。而且，流动资金亦未见增加。相反，该部门还不得不依靠公司管理者重新调集资金来进行再投资，以维持生产。

其二，公司董事会曾开会决议，要求公司减少存货金额。但到1938年年底，公司存货反而增加100万美元。汤普森公司立即表示，在没有查明这两个疑问之前，不再予以贷款，并请求官方协调控制证券市场的权威机构——纽约证券交易委员会调查此事。

纽约证券交易委员会在收到请求之后，立即组织有关人员进行调查。调查发现该公司在经营的十余年中，每年都聘请美国著名的普赖斯·沃特豪斯会计师事务所对该公司的财务报表进行审定。在查看这些审计人员出具的审计报告中，审计人员每年都对该公司的财务状况及经营成果发表了"正确、适当"等无保留的审计意见。为了核实这些审计结论是否正确，调查人员对该公司1937年的财务状况与经营成果进行了重新审核。结果发现：1937年12月31日的合并资产负债表计有总资产8700万美元，但其中1907.5万美元的资产是虚构的，包括存货虚构1000万美元，销售收入虚构900万美元，银行存款虚构7.5万美元；在1937年年度合并损益表中，虚假的销售收入和毛利分别达到1820万美元和180万美元。

在此基础上，调查人员对该公司经理的背景作了进一步调查，结果发现公司经理菲利普·科斯特及其同伙穆西卡等人，都是有前科的诈骗犯。他们都是用了假名，混入公司并爬上公司管理岗位。他们将亲信安插在掌管公司钱财的重要岗位上，相互勾结、沆瀣一气，使他们的诈骗活动持续很久没能被人发现。证券交易委员会将案情调查结果在听证会上一宣布，立即引起轩然大波。

根据调查结果，罗宾斯药材公司的实际财务状况早已"资不抵债"，应立即宣布破产。而首当其冲的受损失者是汤普森公司，因它是罗宾斯药材公司的最大债权人。为此，汤普森公司指控沃特豪斯会计师事务所。汤普森公司认为其之所以给罗宾斯公司贷款，是因为信赖了会计师事务所出具的审计报告。因此，他们要求沃特豪斯会计师事务所赔偿他们的全部损失。

在听证会上，沃特豪斯会计师事务所拒绝了汤普森公司的赔偿要求。会计师事务所认为，他们执行的审计，遵循了美国注册会计师协会在 1936 年颁布的《财务报表检查》（Examination of Financial Statement）中所规定的各项规则。药材公司的欺骗是由于经理部门共同串通合谋所致，审计人员对此不负任何责任。最后，在证券交易委员会的调解下，沃特豪斯会计师事务所以退回历年来收取的审计费用共 50 万美元，作为对汤普森公司债权损失的赔偿，麦克森·罗宾斯药材公司宣布破产倒闭。

【案例 2】安然—安达信事件

2001 年年底，曾在世界 500 强中排位第七、连续六年被《福布斯》杂志誉为"最具创新精神"的全球第一大能源公司——安然公司，突然申请破产，顿时其股价从最高时的每股 90 美元跌至不足 1 美元，股票总市值从最高时的 700 亿美元跌至不足 2 亿美元。这件美国有史以来的最大破产案，将使美国、欧洲及亚洲的债权银行损失 50 多亿美元，使持有安然股票的共同基金及退休金者损失数十亿美元，同时也会危及华盛顿的政治家们，危及民主、共和两党政治天平的平衡。作为世界五大会计师事务所（以下简称"五大"）之一的安达信因未揭露出安然公司财务报表存在的错误和舞弊问题而招致各界指责，安达信的信誉、"五大"的信用备受各界质疑，于是安然破产案引发了一场严重的审计信用危机。

在安然破产案中，安达信究竟扮演了什么角色？它为什么会成为安然丑闻的焦点？这得从安然公司的经营失败谈起。

安然公司的鼎盛时期是在 2000 年，该年度其营业收入达 1000 多亿美元，营业收入增长率达 151.3%，股价最高时达到每股 90 美元。但到 2001 年年初，经营即开始出现危机：一是因能源价格下跌使公司盈利大减，二是从事利率方面的衍生金融商品出现巨额亏损，三是在网络及其他投资上受国际大环境影响也出现大幅亏损。面对严重的财务危机和经营失败，安然公司全力掩饰。

到 2001 年 11 月 8 日,安然公司实在无法再掩饰下去,被迫接受美国证券交易委员会 (SEC)① 的调查,被迫向公众承认做假账已为时多年且数额巨大。仅 1997—2000 年就多计盈利 5.91 亿美元。1997—2000 年,安然公司通过合伙投资、关联方交易等手段,每年隐瞒负债 5.61 亿美元到 7.11 亿美元不等,共计达 25.85 亿美元,而股东权益则多列 12 亿美元。巨额的负债不列入财务报表、关联方交易及利益输送不充分披露、巨额盈利及股东权益的高估和虚增,给安然公司带来了"粉饰的繁荣"。面对如此之多、如此严重的会计造假,安达信竟未能客观、公允地给予揭露,出具了不具公信力的内部控制评价报告和严重失真的审计报告。安然公司的经营失败引发了安达信的审计失败。

更为糟糕的是安达信公开违背职业道德规范,销毁审计档案,令社会各界为之震惊。操办这件事的是安达信休斯顿分部的 David Duncan 会计师,他令手下至少 80 人加班销毁有关文件,并向销毁文件的员工发放加班补贴。在得知安达信销毁有关审计档案"这一极端严重的事件"之后,SEC 迅速将安达信的计算机硬盘和磁带等资料封存,并让独立计算机专家恢复有关计算机数据。美国众议院能源和商业委员会主席比利·陶津表示,任何愚蠢地销毁审计档案的人应当被开除,任何试图通过销毁审计档案来逃避司法和国会调查的人都应当受到起诉。安达信的执行总裁 Ioseph Berardino 在国会听证会作证时曾说:安然事件源于审计时的判断错误。但销毁审计档案的行为还能说这只是一件注册会计师 (CPA) 判断错误而引发的审计失败吗?

其实,安然破产案招致的安达信审计失败绝非偶然。就在 2001 年,安达信在赚取 90 亿美元收入的同时,曾两次被法律诉讼:一次是在审计美国废物管理公司时,提供虚假的、误导性的审计报告。SEC 起诉鉴证会计师在 1992—1996 年间,"明知故犯"和"不计后果"地为废物管理公司高估盈利 10 亿美元作掩饰,结果安达信被罚款 700 万美元,另有四位合伙人分别被罚款 3 万～5 万美元,其中三人五年内不得从事审计工作,另一人一年内不得从事审计工作,废物管理公司最后也被迫出售。另一次是为佛罗里达州家用设备企业阳光公司做假账,出具严重失真的审计报告,引发公司股东们的法律诉讼,结

---

① 美国证券交易委员会 (the U. S. Securities and Exchange Commission,SEC),1934 年根据证券交易法令而成立,是直属美国联邦的独立准司法机构,负责美国的证券监督和管理工作,是美国证券行业的最高机构。

果阳光公司宣告破产，安达信被判支付 1.1 亿美元解决股东们的诉讼。

【案例 3】世界通信丑闻

美国世界通信公司（WorldCom，简称世通）是一家美国通讯公司，2003 年因会计丑闻事件破产。在 2006 年 1 月被 Verizon 以 76 亿美金收购，重组成为其属下的事业部门。目前公司已更名为 MCI 有限公司，总部位于弗吉尼亚。

1983 年，LDDS 公司在密西西比州首府杰克逊成立，公司名字意为"长途话费优惠服务"。1985 年，公司推举伯纳德·埃伯斯（Bernard Ebbers）为其首位首席执行官，约翰·西奇莫尔席为执行官。1989 年 8 月，公司在收购 Advantage 公司后上市。1995 年，公司更名为 LDDS 世通，随后简化为世通。20 世纪 90 年代，公司规模通过一系列的收购迅速膨胀，并在 1998 年收购 MCI 后达到顶峰。

1997 年 11 月 10 日，世通与 MCI 通信公司对外宣布了价值 370 亿美元的合并计划，创出当时美国收购交易的历史纪录。1998 年 9 月 15 日，新公司 MCI 世通（MCI WorldCom）正式营业。1999 年 10 月 5 日，MCI 世通与 Sprint 公司宣布将以 1290 亿美元合并，再创纪录。合并后的公司将一举成为史上规模最大的通讯公司，首次把 AT&T 从此宝座拉下。但该项交易因触犯垄断法未获美国及欧盟批准。2000 年 7 月 13 日，两家公司终止收购计划，但 MCI 世通仍在随后再次更名为世通。

伴随手中世通股票价格高涨，首席执行官 Bernard Ebbers 成为商界豪富，他用这些股票向银行融资以从事个人投资（木材、游艇等）。然而，在公司收购 MCI 后不久，美国通信业步入低迷时期，2000 年对 SPRINT 的收购失败更使公司发展战略严重受挫，从那时起，公司的股价开始走低，Ebbers 不断经受来自贷款银行的压力，要他弥补股价下跌带来的头寸亏空。2001 年，Ebbers 请求公司董事会向他个人的生意提供贷款以及担保，总金额超过 4 亿美金，未果，他本人亦于 2002 年 4 月被公司解职。

从 1999 年开始，直到 2002 年 5 月，在公司财务总监斯科特·苏利文、审计官 David Myers 和总会计师 Buford Buddy Yates 的参与下，公司采用虚假记账手段掩盖不断恶化的财务状况，虚构盈利增长以操纵股价。主要有以下几个方面。

① 滥用准备金，冲销线路成本。滥用准备金科目，利用以前年度计提的

各种准备（如递延税款、坏账准备、预提费用）冲销线路成本，以夸大对外报告的利润，是世通的第一类财务舞弊手法。美国证券交易管理委员会和司法部已经查实的这类造假金额就高达 16.35 亿美元。

② 冲回线路成本，夸大资本支出。世通的高管人员以"预付容量"为借口，要求分支机构将原已确认为经营费用的线路成本冲回，转至固定资产等资本支出账户，以此降低经营费用，调高经营利润。SEC 和司法部已查实的这类造假金额高达 38.52 亿美元。

③ 武断分摊收购成本，蓄意低估商誉。世通可谓劣迹斑斑。除了在线路成本方面弄虚作假外，世通还利用收购兼并进行会计操纵。在收购兼并过程中利用所谓的未完工研发支出（In-process R&D）进行报表粉饰，是美国上市公司惯用的伎俩。其做法是：尽可能将收购价格分摊至未完工研发支出，并作为一次性损失在收购当期予以确认，以达到在未来期间减少商誉摊销或避免减值损失的目的。

④ 随意计提固定资产减值，虚增未来期间经营业绩。世通一方面通过确认 31 亿美元的未完工研发支出压低商誉，另一面通过计提 34 亿美元的固定资产减值准备虚增未来期间的利润。收购 MCI 时，世通将 MCI 固定资产的账面价值由 141 亿美元调减为 107 亿美元，此举使收购 MCI 的商誉虚增了 34 亿美元。

按照 MCI 的会计政策，固定资产的平均折旧年限约为 4.36 年，通过计提 34 亿美元的固定资产减值损失，使世通在收购 MCI 后的未来 4 年内，每年可减少约 7.8 亿美元的折旧。而虚增的 34 亿美元商誉则分 40 年摊销，每年约为 0.85 亿美元。每年少提的 7.8 亿美元折旧和多提的 0.85 亿美元商誉摊销相抵后，世通在 1999—2001 年每年约虚增了 6.95 亿美元的税前利润。

⑤ 借会计准则变化之机，大肆进行巨额冲销。世通最终将收购 MCI 所形成的商誉确认为 301 亿美元，并分 40 年摊销。世通在这 5 年中的商誉及其他无形资产占其资产总额的比例一直在 50% 左右徘徊。高额的商誉成为制约世通经营业绩的沉重包袱。为此，世通以会计准则变化为"契机"，利用巨额冲销来消化并购所形成的代价高昂的商誉。

在 2002 年 6 月的一次例行的资本支出检查中，公司内部审计部门发现了 38.52 亿美金数额的财务造假，随即通知了外部审计毕马威（毕马威当时新近接替安达信成为公司的外部审计）。丑闻迅即被揭开，苏利文被解职，Myers 主动辞职，安达信收回了 2001 年的审计意见。美国证券管理委员会于 2002 年 6 月 26 日发起对此事的调查，发现在 1999—2001 年的两年间，世通公司虚构的营业收入达到 90 多亿美元；截至 2003 年年底，公司总资产被虚 110 亿美元。

2002 年 7 月 21 日，公司申请破产保护，成为美国历史上最大的破产保护案。2003 年 4 月 14 日，公司更名为 MCI，将总部从密西西比迁至弗吉尼亚。根据破产重组计划，公司向 SEC 支付总额 75 亿美金的现金和新公司股票，用以偿付受欺骗的投资者。破产后，重组后的公司负债 57 亿美金，拥有资金 60 亿美元，这 60 亿美元中的一半将被用于赡后诉讼及清算。破产前公司的债券以一美元兑 35.7 美分获偿，而股票投资者则血本无归。2005 年 2 月 14 日，Verizon 通信公司宣布以 76 亿美金收购 MCI。2005 年 3 月 15 日，Bernard Ebbers 被判犯有欺诈、共谋、伪造罪，获刑 25 年监禁，Ebbers 于 2006 年 9 月开始服刑，时年 64 岁。该公司其他涉案人员，亦被裁定有罪。

本章参考文献：

[1] 陈瑶.我国商业银行操作风险的内部控制研究[D].河海大学硕士学位论文,2007.

[2] 曾彦.广州农商银行操作风险内部控制研究[D].西北大学硕士学位论文,2009.

[3] 钱蔚.我国商业银行信贷风险的内部控制研究——以工商银行内部控制为例[D].宁波大学硕士学位论文,2011.

[4] 李思宇.我国商业银行会计操作风险及其控制研究——基于内部控制视角[D].西南财经大学硕士学位论文,2012.

[5] 史茜.基于风险导向的商业银行内部控制模式研究——以商业银行的操作风险为例[D].西南财经大学硕士学位论文,2013.

[6] 黄蕙.基于内部控制的商业银行操作风险研究[D].上海外国语大学硕士学位论文,2014.

第3章　企业战略决策与战略风险流程管理

3.1　企业的战略目标与战略层次

　　企业的目标大致分为战略目标、经营目标、报告目标和合规目标。企业的战略目标是最高层面的目标，也可以称为顶端目标，而经营目标、报告目标和合规目标是从属于前者的。战略目标是战略决策或战略选择之结果，经营目标是根据战略目标所制定的具体的目标，如绩效目标、利润目标、市场占有率目标等，是以具体指标的形式，以定量化的方式表述的。当然，经营目标也分为不同层面，是一个指标或目标系统，总目标之下有许多子目标，而总目标与子目标的衡量一般是用数量化的指标来表述的。报告目标就是保证内部报告和外部报告的真实性、可靠性、准确性、有效性、完整性和及时性。所以，在一定意义上报告目标和内部控制的目标是相同的。至于合规目标即指经营活动的合法性、合规性，即经营行为要符合国家的相关法律与法规，也是内部控制的要求之一。

　　正确的战略目标是企业发展与生存的首要条件，因为战略目标指明了企业发展的战略方向，如果方向错了，不管怎么努力，企业也只能离成功越来越远。

3.1.1　战略的概念

　　"战略"源于希腊军事用语，指对战争全局的筹划与指导，泛指重大的、带全局性或决定性①的谋划。张顺江教授指出，战略的本质是"人"的目的与意志，必须具有全局性、整体性、时代性、发展性、明确性及稳定性。② 加拿大麦吉尔大学教授明茨伯格（H. Mintzberg）指出，人们在生产经营活动中不同的场合以不同的方式赋予企业战略不同的内涵，说明人们可以根据需要接受多样化的战略定义。在这种观点的基础上，明茨伯格借鉴市场营销学中的四要素（4P）③，提出企业战略是由五种规范的定义阐述的，即计划（Plan）、计策（Ploy）、模式（Pattern）、定位（Position）和观念（Perspective），这构成了企业战略的"5P"。战略显然是一个计划，但因为其长期性，显然只能是一个粗轮廓的计划，当然，也必须是一个有目的、有意识的计划；战略是一个计策，指的是计谋、谋划，属于对策论或博弈论的范畴。战略一定是在分析内外环境，分析竞争对手的基础上制定的，是要在竞争中赢得竞争对手，或令竞争对手处于不利地位及受到威胁的计谋。这种计谋是有准备和意图的。例如。当企业知道竞争对手正在制订一项计划来提高市场份额时，企业就应准备追加投资去研发更新、更尖端的产品，从而增强自身的竞争力。所以，存在一个根据竞争对手的行为做出对应选择的问题，所以，实际上含有策略或计谋的成分。比如，在不完成竞争市场中，要取得企业发展的优势，就必须根据对手的行为做出相应的选择，而这个选择一定包含在企业的战略规划中；战略是一个模式，模式与模型是两个不同的概念，模型是对现实系统本质的模拟，是人们设计制造出来的和现实系统同态的系统，如数学模型、实物模型，它和现实系统一致，具有和现实系统一样的功能或部分功能，只是在规模、形式上有所差别，是人们把握了现实系统之后，出于研究或展示的需要而构建的一个同态系统；而模式，是对各种系统客观活动规律的表述，是操纵程序或活动程序，是

---

① 中国注册会计师协会：《公司战略与风险管理》，北京：经济科学出版社，2010 年版。
② 张顺江：《决策学精义》，北京：中国环境科学出版社，1988 年版。
③ 杰罗姆·麦卡锡（E. Jerome McCarthy）于 1960 年在其《基础营销》（Basic Marketing）一书中第一次将企业的营销要素归结四个基本策略的组合，即著名的"4P's"理论：产品（Product）、价格（Price）、渠道（Place）、促销（Promotion），由于这四个词的英文字头都是 P，再加上策略（Strategy），所以简称为"4P's"。产品（Product）：注重开发的功能，要求产品有独特的卖点，把产品的功能诉求放在第一位。价格（Price）：根据不同的市场定位，制定不同的价格策略，产品的定价依据是企业的品牌战略，注重品牌的含金量。分销（Place）：企业并不直接面对消费者，而是注重经销商的培育和销售网络的建立，企业与消费者的联系是通过分销商来进行的。促销（Promotion）：企业注重通过销售行为的改变来刺激消费者，以短期的行为（如让利、买一送一、营销现场气氛等）促成消费的增长，吸引其他品牌的消费者或导致提前消费来促进销售的增长。

指导人们行为的一个规范或步骤。"战略是一种模式，是指企业一系列行动的模式或行为模式，模式是已经实现的战略。"[①] 这句话可以理解为，模式是企业战略制定前存在的、已经固化的，也可以在战略制定中包含要求以后实现的。比如我们常提到的获利模式、经营模式（如集团化经营、承包制、租赁经营等），模式可以说是战略的构成内容，但不是战略研究或制定的主要内容，无论企业是否有明确的、事先的战略计划，只要有具体行为就有战略。任何企业事实上都有战略。战略应当是已经实现的战略，是行为的结果，而不是事先的设想；至于定位，则是指企业在掌握内外信息的基础上对自身在竞争格局中位置的评价，强调战略环境适应性；观念则指基于一定的认识对战略选择的基本态度。强调了战略的抽象性，表达了企业对客观世界固有的认知方式，体现了企业对环境的价值取向和组织中人们对客观世界固有的看法，反映了企业战略决策者的价值观念。对方法与目标的理解，是一个哲学意义上的概念，说明了战略是主观而不是客观的产物，不是严格意义的逻辑推理或数学演算的产物，而带有相当的主观性。战略是一种观念，强调战略的观念特征。明茨伯格是从不同的角度来对企业战略进行定义的，可以这样理解，从企业未来发展的角度来看，战略表现为一种计划（Plan）；从企业过去发展历程的角度来看，战略则表现为一种模式（Pattern）；从产业层次来看，战略表现为一种定位（Position）；从企业层次来看，战略则表现为一种观念（Perspective）；从竞争的方面，战略则指采用的计谋（Ploy）。综上所述，我们知道战略是在企业发生经营活动之前制定的，战略先于行动，战略是有意识、有目的地开发和制定的计划。

3.1.2 企业的性质、目标与战略

科斯指出，市场的运行是有成本的，通过形成一个组织，并允许某个权威（一个"企业家"）来支配资源，就能节约某些市场运行成本。当存在企业时，某一生产要素（或它的所有者）与企业内部同它合作的其他一些生产要素签订一系列的契约的数目大大减少了[②]，一系列的契约被一个契约替代了，这是企

---

① 中国注册会计师协会：《公司战略与风险管理》，北京：经济科学出版社，2010 年版。
② 罗纳德·科斯：《企业的性质》，北京：商务印书馆，2007 年版。

业产生的原因，即降低交易。事实上，企业产生的重要原因还有生产成本的降低，如规模经济与范围经济效应。企业显然有一定的社会责任，而且也只有有社会责任的企业才真正能做强做大，持续生存，但企业的性质从本源上讲，则是为了企业价值最大化，为了股东利益最大化，为了相关者利益最大化，而其根本的途径就是赚钱，盈利。所以，不管企业建立什么样的愿景，给自己树立了什么样的使命，都必须通过企业的目标来实现，使命和愿景明确了企业存在的理由，是企业生产经营的哲学定位，也就是经营观念。企业确定的使命为企业确立了一个经营的基本指导思想、原则、方向、经营哲学等，如微软公司的使命为"致力于提供使工作、学习、生活更加方便、丰富的个人电脑软件"，索尼公司使命为"体验发展技术造福大众的快乐"，惠普公司使命为"为人类的幸福和发展做出技术贡献"，耐克公司使命为"体验竞争、获胜和击败对手的感觉"。可见使命是极其庞大的，通过它可能对企业的经营范围、方向有一定的理解或判断。而目标则支撑着企业的使命①，这个目标就是指一个较长时期的宏观目标，目标如何实现，就要分析企业的内信息与外信息，分析其比较优势与资源，通过正确的企业战略来实现。那么战略是一个宏观的长期的规划，显然需要通过具体的经营计划的完成来推动，所以，四者之间呈如下金字塔式的结构，如图 3-1 所示。

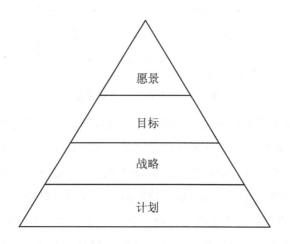

图 3-1　企业愿景、目标、战略与计划层级结构图

---

① 企业使命是指企业在社会进步和社会经济发展中所应扮演的角色和承担的责任。

可见，企业战略在企业的层级结构中处于中间层，是一个承上启下的关键环节，目标是企业使命的具体化，战略是目标实现的手段，而预算或计划是战略的分解。没有科学可行的战略，就不可能有操作性强的明确计划，当然就更不可能有和企业的使命和目标一致的实施与执行与运营。

3.1.3　企业的组织形式与战略层次

企业的组织形式有直线式、职能式、网络式、事业部等形式，但无论怎样的组织形式，从权力的角度看，总是分为决策层（股东大会或董事会）、经营层（总经理或总裁团队）与具体的执行层（职能部门），相应地，战略也分为不同的层次，即公司层面的战略（企业战略）、经营层面的战略（业务单位的战略）和执行层面的战略（职能战略）。其结构层次如图 3-2 所示。

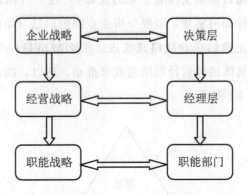

图 3-2　企业战略层次结构图

企业战略是由董事会制定并经股东大会通过的，具有长远性、指导性、前瞻性和相对的稳定性，是企业发展的总纲领、总指导方针，公司的董事会对此层面战略具有终极责任；而作为经营层的经理层，只是决策的执行层，其经营战略是比较具体的、可行的且时期比较短的一种规划，只能称为"比计划宏观的计划"；而职能部门之职能战略，侧重于企业内部特定职能部门的运营效率，如人力资源管理战略、财务战略、销售战略，但显然是企业战略的组成部门，只是从业务或职能的角度予以划分而已。

3.2 企业的战略决策与战略选择研究

决策是对未来实践的方向、目标、原则所作出的决定，是将要见之于客观行动的主观能力。人们无时不在进行着大大小小的决策，每做一件事总要先"想好了"再干，这个"想好了"就是决策[①]，企业的战略决策就是对企业共同的期望、认识和行为所做出的决定。即在一定观念的指导下，对企业未来发展的计划、计谋、模式、定位所作的决定。这个决定对企业的发展意义重大，所以万里说"在一切失误中，决策失误是最大的失误"。这是我经济工作中对教训和经验所得出的结论，是对许多重大决策错误所造成的深远影响的反思。所以，企业要在世界经济一体化的竞争格局中保持可持续发展，不得不重视战略选择研究。同时，因为战略制定之后，并不会固化、一成不变，还要根据时间、环境、社会、经济、政治、竞争等约束条件的变化进行调整。所以，必须重视战略管理的工作。

3.2.1 战略管理的定义及流程

战略管理是指对企业战略的管理，最早由伊戈尔·安索夫提出的。战略管理是一个"自上而下"的过程，是"将要见之于客观行动的主观能力"，这个主观能力是领导个人的主观能力、领导集团的主观能力、领导者与团体成员主观能力的结合，所以也就要求高级管理层具备相关的能力及素养。战略管理包括战略分析（Strategy Analysis）、战略制定（Strategy Formation）与战略实施（Strategy Implementation）三个部分，是战略分析、战略选择及评价与战略实施及控制三个环节相互联系、循环反复、不断完善的一个动态管理过程。其流程如图 3-3 所示。

战略分析是战略管理流程的起点，所谓战略分析是对企业的战略环境进行分析、评价，并预测这些环境未来发展的趋势，以及这些趋势可能对企业造成的影响及影响方向，包括企业外部环境分析和企业内部环境或条件分析两部

---

① 参见张顺江：《决策学精义》，钱三强之代序，北京：中国环境科学出版社，1988 年版。

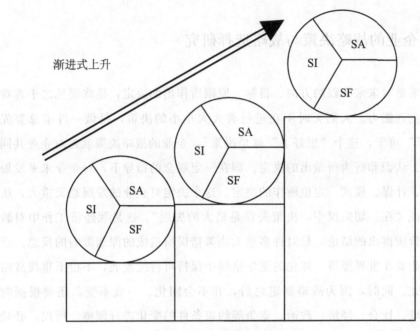

图 3-3　战略管理流程图

分。企业外部环境一般包括下列因素或力量：政府—法律因素、经济因素、技术因素、社会因素以及企业所处行业中的竞争状况。其目的在于适时地寻找和发现有利于企业发展的机会，以及对企业来说所存在的威胁，以便在制定和选择战略中能够利用外部条件所提供的机会而避开对企业的威胁因素；而内部环境即是企业本身所具备的条件，也就是企业所具备的素质，它包括生产经营活动的各个方面，如生产、技术、市场营销、财务、研究与开发、员工情况、管理能力等。其分析的目的在于发现企业所具备的优势或弱点，以便在制定和实施战略时能扬长避短、发挥优势，有效地利用企业自身的各种资源。

　　所谓战略制定就是战略决策的过程，或战略选择，解决企业的经营范围或战略经营领域和竞争优势两个基本问题，解决企业长期发展的目标和实现愿景的计划、规划和战略方向，即采用什么样的战略去获得竞争优势，实现企业目标。

　　而战略实施及控制就是通过制定职能策略，对企业的组织机构进行构建及挑选合适的企业高层管理者来贯彻既定的战略方案，以保证完成已确立战略。此即将主观见之于客观的过程。战略实施的主要内容是组织调整、调动资源和管理变革。

　　组织调整就是根据战略实施的需要，对组织结构、业务流程及权责关系进行调整；调动资源是因为战略的实施必然要求统筹不同的资源来实现，包括人力资源、技术资源、财力物力、信息资源等，只有这些资源准备充分才能保证战略的顺利实施。

管理变革是很重要的一个工作，也是管理者和决策者需要花费很大精力才能做好的意义深远的工作。而由于战略实施的需要，必然要进行一些管理变革，当组织成长迟缓，内部不良问题产生，无法因应经营环境的变化，影响到企业战略的实施时，企业必须制定组织变革策略，将内部层级、工作流程以及企业文化，进行必要的调整与改善管理，以保证企业战略的顺利实现。企业变革管理，最重要的是在组织高管层面有完善的计划与实施步骤以及对可能出现的障碍与阻力有清醒认识。所以，必须进行三个方面的工作，即诊断变革环境、确定管理风格、确定变革职责。变革管理主要源于企业变化动因，如企业产品和服务和以前不同，企业组织规模与结构发生了变化、企业的技术与工作方法发生了改变、企业的外界环境发生了波动等，一般情况下，有四项标准可以检验企业是否已出现不利的症候群，必须进行管理变革：一是企业成员认同感下降，不认同企业价值与愿景，私心大于公益；二是组织不同部门的冲突加剧，冲突造成部门本位主义取代团队合作；三是组织决策权利集中在少数高阶层，大多数成员不仅无力改变现况，更得过且过；四是织既得利益阶层排斥学习新技术与知识，甚至不支持自发性的员工学习。若企业存在上述现象，则必须进行组织变革，否则会对企业战略的实施造成极大的影响。企业变革可以选择三个时期，一是提前性变革，即在企业动因之前即着手进行变革；二是反应性变革，即在动因发生时开始实施；三是危机性变革，即在企业动因已导致或严重影响企业的发展，倘再不变革就会导致企业破产或导致重大损失。显然，这和风险管理的事前、事中和事后基本意思是一致的。变革分为两种增量变革与转化变革，增量变革从积极角度讲就是协调，从消极角度讲就是接受；而转化变革从积极角度讲就是计划，从消极角度讲就是迫使。而变革是对旧管理模式的否定，对新的管理模式的打造与固化，所以要经过旧模式解体、变革与新模式巩固三个阶段。

当然，战略分析—制定战略—实施战略，这是一个因约束条件的变化而不断完善或调整的动态过程，通过分析制定战略，再建立目标体系，实施和执行战略计划，以及评价业绩，基本描述了企业战略管理的流程。需要说明的是，在实际工作中，三者并不会分得如此清晰，也并不一定严格按照这个顺序进行。它们可能存在交叉影响和循环。战略制定不仅要考虑到具体的着陆，也要考虑到企业的使命、愿景及目标。战略分析中要考虑到战略制定与战略实施中存在的问题。

3.2.2 企业战略的分类

企业的战略因企业的内外环境不同而作不同的选择，它是在认真分析企业的内信息与外信息的基础上，依据科学的程序做出的科学决策。企业的战略可从不同的角度加以分类，如企业战略按区域范围可分为本土战略和国际战略。其中，本土战略又叫国内战略，即企业将发展的地域范围限定在国内或本区域，而国际战略也称为跨国战略或全球战略，指企业将战略的实施区域范围扩大到全球或多个国家；而从企业的组织层次上战略分为总体战略（总体态势战略）、基本竞争战略（也称业务单位战略或事业部战略）和职能层战略（部门战略），总体战略按竞争态势或发展态势分为成长型战略（增长型战略）、稳定型战略（维持型战略）、防御型战略、紧缩型战略；基本竞争战略按竞争方法分为成本领先战略（低成本战略）、产品差异化战略、集中化战略。职能战略则可分为生产管理战略、市场营销战略、人力资源战略、研究开发战略、财务管理战略、组织管理战略等。具体可以用图 3-4 说明。

事实上，企业的成长型战略还可以分为并购战略、跨国经营战略、战略联盟、集中战略（密集型成长战略）、多元化经营战略及一体化战略等；稳定型战略则可以分为无变化战略、维持利润战略、暂停战略、谨慎战略；收缩型战略可以进一步分为调整战略、放弃战略、清算战略、转向战略、剥离战略。而职能战部门的战略则不仅是上述三种，还包括研究开发战略、财务管理战略、组织管理战略等。

3.2.3 战略目标系统分析模式与战略决策基本模式

在现代企业复杂多变的决策系统中，作出一个科学的战略决策，并不能简单地拍脑袋，而是必须遵从科学的决策模式，运用创造与逻辑思维分析，充分

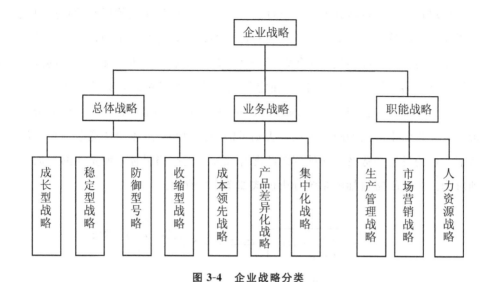

图 3-4　企业战略分类

掌握内外信息，遵循科学的系统分析模式，在对战略目标进行准确定位的基础上，通过对决策方案的比较与选优制定的。

战略决策的一般模式如图 3-5 所示。

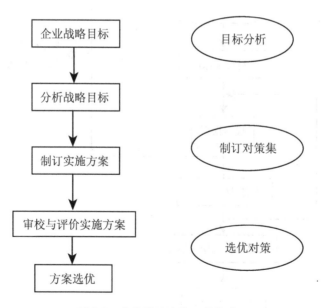

图 3-5　企业战略决策一般模式

在科学研究中，人们常说"发现问题比研究问题更重要"。企业战略亦然，制定企业战略时，准确定位企业的战略目标比制定可行的战略实施方案更重要，战略目标与企业所处的环境条件密切相关，所以处于决策层面的企业决策分析人员与决策者必须对企业的情况有深刻的理解，若心无全局，只凭一孔之见，是不会作出良好的战略决策的（当然，从一定意义上讲，确定企业的战略目标也是战略决策的工作内容）。在定位企业的战略目标时，必须运用创造与逻辑的思维模式，在对企业的内外信息进行充分掌握的基础上，进行系统分析，方能判断出准确的战略定位，否则可能会做出和企业本身的竞争地位、所从事产业的发展态势及企业的资源状况存在差异的战略目标，使企业的发展受到影响。企业战略目标的系统分析模式如图 3-6 所示。

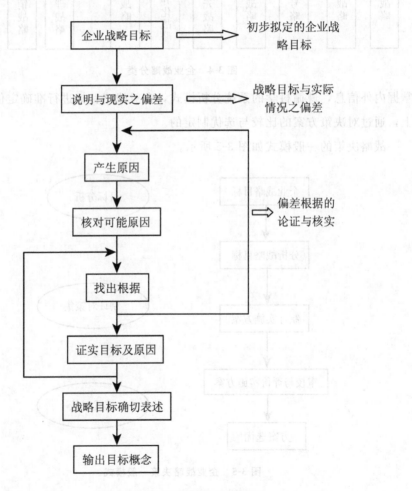

图 3-6　战略目标系统分析模式

企业的战略管理及实施的流程，如图 3-7 所示。

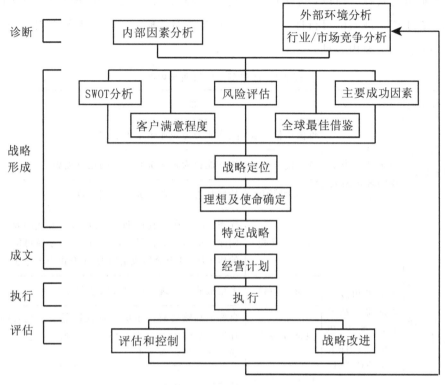

图 3-7　企业战略管理与实施流程图

3.3　企业战略风险管理

3.3.1　企业战略测试及战略风险管理

　　企业的战略风险是指战略制定或执行的关键要素的不确定性变化而导致的风险[①]，是由于企业内外环境的变化及企业素质的不稳定性导致的，从全局的角度对企业的风险管理进行规划，即为风险的战略性防范。企业战略风险的管理就是对风险的战略性防范，是从全局的角度，从战略的层面即对企业的风险

---

　　① 参见 Sim Segal *corporate value of enterprise risk management——the next step in business management*，the united states of america：wiley，2001。

进行研究与管控。所以，企业战略制定后，必须经过一个测试的环节，测试的目的在于确定战略的可行性，本质上，也是在对战略风险进行事前控制。企业战略测试的主要内容见表 3-1。

表 3-1　战略测试的层面与内容

检验层面	释　义	检 验 内 容	
应用相关性检验	检验战略是否与企业及其作业的现状相关	价值增值检验	战略能否为企业带来价值增值
		竞争优势检验	战略能否为企业带来持续的竞争优势
		一致性检验	战略是否与企业所处环境相一致
学术严谨性检验	从学术角度严谨地思考战略的原创性、思维的逻辑性和方法的科学性	原创性检验	优秀的战略在于其原创性。但是,在实践中要特别注意把握创新的程度,因为过度的创新可能会偏离主题,甚至会形成荒唐的、不合逻辑的想法
		目标性检验	考察战略对实现企业目标的帮助程度
		灵活性检验	良好的战略要有一定的灵活性以适应变化着的环境。战略不应该不顾环境和资源的可能变化而将企业锁定在未来
		逻辑一致性检验	战略应以清晰且合乎逻辑的方式表达
		风险和资源检验	战略所含风险及所需资源应与企业总体目标一致,应是合理的、可以接受的

显然，应用相关性检验，目的在于测试战略是否能满足战略目标的要求，即能否使企业价值增值，能否使企业获得竞争优势，至于一致性检验则测试企业战略和外界环境的融合性，脱离政治、经济、技术、法律环境约束的战略无论看上去多么美好，也是不可能实现的，是不可行的。而学术严谨性检验中的目标性检验在于对战略方案和战略目标的可行性进行测试，不能保证战略目标的战略方案是不符合企业决策层的要求的，灵活性检验、逻辑一致性检验与风险和资源检验都是基于战略的操作性的测试，也是对战略风险的事前管理与控制。显然，如果和战略目标不一致，和企业的外界环境不相融，当企业的内外环境发生一定的变化时，战略不具备相应的灵活性，战略不符合经济逻辑或经营逻辑，或战略所含风险和企业的资源及总体目标不一致，则必须否定这样的战略，重新进行战略分析和战略选优，这是战略风险管理的事前控制阶段，除

此之外，在战略执行中也要进行风险识别与风险控制，我们称之为战略的事中控制，而当战略实施的结果和预先的规划有所差异时，就是战略危机阶段，就要采用正确的方法进行战略危机管理，控制可能造成的损失，促使企业的可持续发展。

3.3.2　战略风险识别的方法、流程与评估

战略风险管理的第二个阶段是战略实施中的风险管理，其主要工作内容是战略风险识别与评估。

（1）企业战略风险分类

风险识别就是在风险事故和损失发生之前，寻找引起风险的因素，以利于未雨绸缪，加强风险控制，以期减少损失。根据商业风险模型，企业的战略风险可分为环境监控风险，即由于对企业的外界环境的变化掌握不及时，导致战略滞后；组织结构风险，即企业的组织结构不支持企业战略目标的实施，或缺乏有效的信息沟通，使决策层无法对组织实施有效控制，或导致企业信息不畅，管理混乱；考核风险，是指考核体系和战略目标不一致，不利于推动企业战略的实现；资源分配风险，即企业缺乏资源分配的流程及信息，阻碍企业将资源用于建立优势上；计划风险，指计划流程的不完善或计划的不精细、不具操作性，导致不能实现企业的战略；生命周期风险，指对企业的产品或企业本身的生命周期阶段不了解，导致战略实施了错误的战略。具体讲，战略风险包含以下内容，见表 3-2。

表 3-2　战略风险主要类别

类　别	定　义
战略可行性或灵活性风险	如产品选择、分销渠道、市场或价值定位和期望不一致，导致的风险
执行风险	由于组织结构或信息沟通等因素导致的不能正常执行企业战略
治理风险	治理结构的变化导致的风险
战略关系风险	战略关系或合作伙伴的不确定性，如母子公司关系或合作与合资关系的不确定性

类 别	定 义
竞争者风险	竞争格局的波动
供应商	供应商环境的不确定性
经济风险	经济因素的波动性,如消费者可支配收入、通货膨胀或紧缩、货币供应等
外部关系风险	与外部相关利益者关系的不确定性,如监管机构、政府、消费者或行业协会等
法律风险	法律或法规的不确定性
国际环境风险	企业所在国家或地区经营环境的变化

(2) 风险识别的方法与流程

企业战略风险的识别与管理主要由首席执行官负责,有的企业设有风险经理,或风险管理委员会,其成员由绝大多数的董事会成员组成,同时吸收了不同领域的专家们,对企业的战略风险进行自我评估,如美国的大通银行、加州联合石油公司都是通过自我评估来进行风险识别的,有的企业采用现场分析法(现场调查法)来识别职能战略风险,而这种方法也可以用于进行识别业务战略的风险,此外,企业战略风险识别也可以采用集体讨论的方法,运用头脑风暴法、问卷调查法、鱼刺图法、因素分析法、对比分析法、财务报表分析法(财务比率分析法、杜邦分析体系)、风险价值法、压力测试法等。其中,自我评估法、座谈会法(集体讨论法)、头脑风暴法、现场分析法属于定性的方法,要求风险评估者对战略风险做出一个定性的评级,如风险的高、中、低,也可以更详细地分为非常高、高、中、低、非常低五个等级。定性风险的识别流程分为四步。

第一步,参与者识别,也就是决定参与者的数量是多少,由哪些人或部门组成。对于战略风险一般要求独立董事、首席执行官、监事、风险经理、法律顾问、人力资源部门负责人、首席技术官、市场经理、投资者关系负责人、合规部经理、战略规划负责人、首席投资官及一些相关的专家组成。

第二步,事前沟通,主要包括对时间的安排与协调,对企业背景的了解,对战略形势及运行状况的了解,对风险指标的定义与分类,完成风险列表。

第三步，定性风险的调查评估。主要工作是收集数据，前瞻性地识别风险。即对非风险列表上的风险进行识别，研究其是什么事项风险，有什么样的财务影响，如不解决会有怎样的后果。

第四步，形成共识。即通过座谈会、头脑风暴法等定性的方法，对战略风险形成一致性的看法，同时确定关键风险。

战略风险由于数据采集的问题，一般不采用定量识别方法，如期望值法、方差分析法、对比分析法、财务报表分析法、风险价值法、压力测试法等，但在战略实施中通过一定的定量方法，可以对战略实施前后的经营情况进行对比，以比较企业战略实施的效果，但由于企业战略需要一个长期的实施过程，其经营效果不可能在短期内就有显著的变化，所以，不能简单地以经营效果或财务指标来评价战略的优劣或存在的风险。一定要进行详细的系统分析，在此基础上对战略风险进行识别。

（3）企业战略风险之评价

风险评估（Risk Assessment）是指在风险事件发生之前或之后（但还没有结束），该事件给人们的生活、生命、财产等各个方面造成的影响和损失的可能性进行量化评估的工作。即，风险评估就是量化测评某一事件或事物带来的影响或损失的可能程度。在风险评估过程中，有四个关键的问题需要考虑。第一，要确定评估的对象是什么；它的对企业的直接和间接价值如何；第二，评估对象可能存在哪些潜在威胁；导致威胁的问题所在；威胁发生的可能性有多大；第三，一旦威胁事件发生，组织会遭受怎样的损失或者面临怎样的负面影响；这种损失有多大；第四，组织应该采取怎样的安全措施才能将风险带来的损失降到最低限度。

而风险评估的关键环节就在于在识别风险后，确定风险的等级，或对风险进行量化，也就是上述第三步的内容。其评估分为定性评估与定量评估两种。一些风险我们不能用定量的方式进行评价，只能定性地划分为风险高、中、低，或者如前所述，分为非常高、高、中、低、非常低五个等级，其目的就为风险管理提供依据。其主要方法有以下几种

一是风险因素分析法。风险因素分析法是指对可能导致风险发生的因素进行评价分析，从而确定风险发生概率大小的风险评估方法。其一般思路是：调

查风险源→识别风险转化条件→确定转化条件是否具备→估计风险发生的后果→进行风险评价。

二是模糊综合评价法。

三是内部控制评价法。内部控制评价法是指通过对被审计单位内部控制结构的评价而确定审计风险的一种方法。由于内部控制结构与控制风险直接相关，因而这种方法主要在控制风险的评估中使用。

四是分析性复核法。分析性复核法是注册会计师对被审计单位主要比率或趋势进行分析，包括调查异常变动以及这些重要比率或趋势与预期数额和相关信息的差异，以推测会计报表是否存在重大错报或漏报可能性。常用的方法有比较分析法、比率分析法、趋势分析法三种。

五是定性风险评价法。定性风险评价法是指那些通过观察、调查与分析，并借助注册会计师的经验、专业标准和判断等能对审计风险进行定性评估的方法。它具有便捷、有效的优点，适合评估各种审计风险。主要方法有：观察法、调查了解法、逻辑分析法、类似估计法。

六是风险率风险评价法。风险率风险评价法是定量风险评价法中的一种。它的基本思路是：先计算出风险率，然后把风险率与风险安全指标相比较，若风险率大于风险安全指标，则系统处于风险状态，两数据相差越大，风险越大。风险率等于风险发生的频率乘以风险发生的平均损失，风险损失包括无形损失，无形损失可以按一定标准折算或按金额进行计算。风险安全指标则是在大量经验积累及统计运算的基础上，考虑到当时的科学技术水平、社会经济情况、法律因素以及人们的心理因素等基础上确定的普遍能够接受的最低风险率。

3.4　基于流程管理的战略风险控制研究

从流程的角度对战略风险进行管理，除了在制定战略时要遵循决策的一般模式，遵从战略目标系统分析的逻辑程序，在战略管理上组织调整、通过严格的预算实施进行资源组织与分配保证战略及管理变革，保证战略实施良好进行外，还要注意决策人员风险偏好对战略重点选择的影响，要通过完善组织构架（形式）使其对战略制定与实施产生积极的作用，要关注风险部门管理人员的素质、知识结构与职责分配对风险管理效率的影响。

3.4.1　主观因素的规避：风险偏好对战略选择的影响及其控制

（1）风险偏好的定义及分类

风险就是一种不确定性，一般指负面的不确定性，即可能给企业带来损失的不确定性。决策者或经理层对这种不确定性所表现出的态度、倾向便是其风险偏好。所以，风险偏好是指为了实现目标，企业或个体投资者在承担风险的种类、大小等方面的基本态度。从广义上看，风险偏好是指企业在实现其目标的过程中愿意接受的风险的数量。风险偏好的概念是建立在风险容忍度概念基础上的。不同的行为者对风险的态度是存在差异的，一部分人可能喜欢大得大失的刺激，另一部分人则可能更愿意"求稳"。

根据投资体对风险的偏好将其分为风险回避者、风险追求者和风险中立者。

风险回避者决策的态度是：当预期收益率相同时，偏好于具有低风险的资产；而对于具有同样风险的资产，则钟情于具有高预期收益率的资产。

与风险回避者恰恰相反，风险追求者通常主动追求风险，喜欢收益的动荡胜于喜欢收益的稳定。他们选择决策的原则是：当预期收益相同时，选择风险大的，因为这会给他们带来更大的效益。

风险中立者通常既不回避风险，也不主动追求风险。他们作出战略选择的唯一标准是预期收益的大小，而不管风险状况如何。

（2）风险容忍度及其与风险偏好的关系

和风险偏好密切联系的另一个概念就是风险容忍度。风险容忍度是指在企业目标实现过程中对差异的可接受程度，是企业在风险偏好的基础上设定的对相关目标实现过程中所出现差异的可容忍限度。

显然，风险偏好的概念是建立在风险容忍度概念基础上的。风险容忍度大的决策者是风险追求者，而风险容忍度小的决策者显然为风险规避者。对风险保持适中的态度的在决策上就属于风险中立者，他们在决策时既不回避风险，也不主动追求风险。对风险采取中立的态度，如前文所述，他们的决策对风险保持中立的态度，既不保守地选择风险小的方案以尽可能减小风险，也不以激进的态度追求风险大的项目，风险中立者一般是在既定的风险标准上和既定的预期收益水平进行决策的，对风险采取不偏不倚的态度。当然，风险偏好与风险容忍度都是一个定性的概念，具有相对性。

（3）风险偏好与战略风险

不同风险偏好的决策层会在完全相同的约束条件与战略目标下制定出完全不同的战略选择。但如果战略选择超过了企业的风险承受能力，则会对企业造成重大的损失，因为风险偏好并不等同于风险承受能力，风险承受能力才是企业制定战略必须考虑的一个战略选择的约束条件，决策层或决策者个人愿意承受更多的风险只能说明他的风险偏好，但这绝不等同于企业实际上具有承受此类风险的能力。如果在高收益的诱惑之下，不充分考虑企业自身的风险承受能力，做出和企业收益风险特征不吻合的企业战略，一旦市场、经济基础、政治或企业自身的战略控制出现和预期不一致的偏差，就会造成极大的风险损失。

企业战略决策是否能够对企业的成长起到积极的作用，换句话讲，是不是一个相对科学的决策，首先取决于我们企业的决策层对风险的认知程度，企业的决策层在制定企业战略时，要对企业本身的风险承受能力有充分的估量与评价，在此基础上确定自己的风险态度，简单靠决策层或决策者个人的风险偏好进行战略决策，极易做出非理性的战略选择。所以，要控制决策风险，首先要求决策者冷静对待自己的风险偏好，摸清企业资产、人力资源、技术、组织效率等情况，对自身的风险承受能力有较为客观的了解，才能据此做出与其相匹配的战略选择；其次，要有相对健全的战略决策机构与战略选择的科学流程，避免以部分决策者个人的风险偏好来对企业的整体战略做出决策，尽量以科学的程序和完善的组织来控制决策行为；最后，决策组织应该是一个各方面人才都具备的组织，不仅有经济、技术、法律方面的专家，还要有风险管理专家。这种知识结构合理的组织通过集体智慧所做的决策比某个或部分决策者选择的企业战略更具有科学性，考虑的因素更全面。只有这样，才能在有效控制投资风险的前提下，最终实现企业的价值增值与竞争优势。

3.4.2　基于战略风险管理的企业组织结构与决策流程研究

战略风险管理须有一个机构专门负责，大多数企业将风险管理业务的归属和负责分散于各个部门之中，事实证明，这种方式是缺乏效率的。所以，COSO 在内部控制规范中要求设置风险经理一职负责企业的风险管理。当然，有的企业专门成立风险管理委员会负责企业的风险管理工作。事实证明，企业风险管理机构在企业组织构架中的地位对于风险管理有着极为重要的作用。在企业战略制定与实施的过程中，从流程设计的角度讲，凸显风险管理部门对战略风险的评估与管理地位，有助于事前控制战略风险。

（1）企业组织结构的类型及其优缺点

企业组织结构是企业流程运转、部门设置及职能规划等最基本的结构依据，一个企业要实现自己的愿景，实现企业的战略，就必须具备一定的组织结构。一个设计完善的组织机构可以帮助企业适应所处的环境变化，实现企业的战略目标，增加企业对外竞争力，同时有助于企业内部的技术开发，人员素质的提升和企业经营效率的提高。企业的组织结构根据企业的具体情况与集权、分权的状态分为如下几种：直线制、职能制、U 型组织结构、M 型组织结构及矩阵式组织结构等。

第一，直线型组织结构是最古老的组织结构形式。所谓的"直线"是指在这种组织结构下，职权直接从高层开始向下"流动"（传递、分解），经过若干个管理层次达到组织最低层。其特点主要有三点：一是组织中每一位主管人员对其直接下属拥有直接职权。二是组织中的每一个人只对他的直接上级负责或报告工作。三是主管人员在其管辖范围内，拥有绝对的职权或完全职权。即，主管人员对所管辖部门的所有业务活动行使决策权、指挥权和监督权。在直线型组织结构下，经营管理职能只存在垂直分工（职权范围大小）而不存在水平分工，因此，在某种意义上类似逐级承包体制，是一种集权式的组织结构形式。

从管理理论与实践上讲，直线型组织结构与链型管理沟通渠道模式在一定的条件下，均有其存在的合理性及优势。在人数不多的小企业或信息需要严格分层级保密的组织如小型军队中，直线型组织结构与链型沟通渠道模式可以简化管理与沟通过程，有助于产生较高的组织工作效率与效益。

第二，职能制结构起源于 20 世纪初法约尔在其经营的煤矿公司担任总经理时所建立的组织结构形式，故又称"法约尔模型"。它是按职能来组织部门分工，即从企业高层到基层，均把承担相同职能的管理业务及其人员组合在一起，设置相应的管理部门和管理职务。例如，把所有同销售有关的业务工作和人员都集中起来，成立销售部门，由分管市场营销的副经理领导全部销售工作。研究开发、生产制造、工程技术等部门同样如此。

在职能制中各级管理机构和人员实行高度的专业化分工，各自履行一定的管理职能。因此，每一个职能部门所开展的业务活动将为整个组织服务。实行直线参谋制。整个管理系统划分为两大类机构和人员，一类是直线指挥机构和人员，对其直属下级有发号施令的权力；另一类是参谋机构和人员，其职责是为同级直线指挥人员出谋划策，对下级单位不能发号施令，而是起业务上的指导、监督和服务的作用。在职能制中企业管理权力高度集中。由于各个职能部门和人员都只负责某一个方面的职能工作，唯有最高领导层才能综观企业全局，所以，企业生产经营的决策权必然集中于最高领导层，主要是经理身上。

职能制结构形式的主要优点有四点，一是由于按职能划分部门，其职责容易明确规定；二是每一个管理人员都固定地归属于一个职能结构，专门从事某一项职能工作，在此基础上建立起来的部门间联系能够长期不变，这就使整个组织系统有较高的稳定性；三是，各部门和各类人员实行专业化分工，有利于管理人员注重并熟练掌握本职工作的技能，有利于强化专业管理，提高工作效率；四是，管理权力高度集中，便于最高领导层对整个企业实施严格的控制。但也存在如下四个方面的缺点：一是横向协调差。高度的专业化分工以及稳定性使各职能部门的眼界比较狭窄，他们往往片面强调本部门工作的重要性，希望提高本部门在组织中的地位，十分重视维护本部门的利益，容易产生本位主义、分散主义，造成内耗，使职能部门之间的横向协调比较困难。二是适应性差。由于人们主要关心自己狭窄的专业工作，这不仅使部门之间的横向协调困难，而且，妨碍相互间的信息沟通，高层决策在执行中也往往被狭窄的部门观点和利益所曲解，或者受阻于部门隔阂而难以贯彻。这样，整个组织系统就不能对外部环境的变化及时做出反应，适应性差。三是企业领导负担重。在职能制结构条件下，部门之间的横向协调只有企业高层领导才能解决，加之经营决策权又集中在他们手中，企业高层领导的工作负担就十分重，容易陷入行政事务之中，无暇深入研究和妥善解决生产经营的重大问题。四是不利于培养素质全面的、能够经营整个企业的管理人才。由于各部门的主管人员属于专业职能人员，工作本身限制着他们扩展自己的知识、技能和经验，而且养成了注重部门工作与目标的思维方式的行为习惯，使得他们难以胜任也不适合担任对企业全面负责的高层领导工作。

第三，U 型组织结构是 19 世纪末 20 世纪初西方大企业普遍采用的一种按职能划分部门的纵向一体化的职能结构，特点是企业内部按职能（如生产、销售、开发等）划分成若干部门，各部门独立性很小，均由企业高层领导者直接进行管理，即企业实行集中控制和统一指挥。U 型结构保持了直线制的集中统一指挥的优点，并吸收了职能制发挥专业管理职能作用的长处。适用于市场稳定、产品品种少、需求价格弹性较大的环境。但是，从 20 世纪初开始，西方企业的外部环境发生了很大的变化，如原有市场利润率出现下降、新的技术发明不断产生等，同时企业规模不断扩大，使这种结构的缺陷日渐暴露：高层领导者由于专注于日常生产经营活动，缺乏精力考虑长远的战略发展，且行政机构越来越庞大，各部门协调越来越难，造成信息和管理成本上升。到 20 世纪初，通用汽车公司针对这种结构的缺陷，首先在公司内部进行组织结构的变革，采用 M 型组织结构，此后，许多大公司都仿效。

第四，M 型组织结构亦称事业部门型组织结构。这种结构的基本特征是，战略决策和经营决策分离。根据业务按产品、服务、客户、地区等设立半自主性的经营事业部，公司的战略决策和经营决策由不同的部门和人员负责，使高层领导者从繁重的日常经营业务中解脱出来，集中精力致力于企业的长期经营决策，并监督、协调各事业部的活动和评价各部门的绩效。与 U 型组织结构相比较，M 型组织结构具有治理方面的优势，且适合现代企业经营发展的要求。M 型组织结构是一种多单位的企业体制，但各个单位不是独立的法人实体，仍然是企业的内部经营机构，如分公司。

第五，矩阵式组织结构形式是在直线职能式垂直形态组织系统的基础上，增加一种横向的领导系统，它由职能部门系列和完成某一临时任务而组建的项目小组系列组成，从而同时实现了事业部式与职能式组织结构特征的组织结构形式。矩阵式组织结构也可以称为非长期固定性组织结构。矩阵组织的高级形态是全球性矩阵组织结构，目前这一组织结构模式已在全球性大企业如 ABB、杜邦、雀巢、菲利普、莫里斯等组织中进行运作。它把按职能划分的部门与按项目划分的小组结合起来组成矩阵，使小组成员接受小组和职能部门的双重领导。它的特点表现为围绕某项专门任务成立跨职能部门的专门机构，这种组织结构形式是固定的，人员却是变动的，任务完成后就可以离开。

这种组织结构除了具有高度的弹性外，还可以使在各地区的全球主管同时接触到有关各地的大量资讯。它为全球主管提供了许多面对面沟通的机会，有助于公司的规范与价值转移，因而可以促进全球企业文化的建设。其优点是：其一，加强了横向联系，专业设备和人员得到了充分利用；其二，具有较大的机动性；其三，促进了各种专业人员互相帮助，互相激发，相得益彰。而其缺点是：成员位置不固定，有临时观念，有时责任心不够强；人员受双重领导，有时不易分清责任。与 U 型组织结构相比较，矩阵制组织结构机动、灵活，克服了 U 型组织结构中各部门互相脱节的现象。

（2）基于风险管理组织结构设计及决策流程的建议

组织设计属于顶端层面的设计，是投资者形成共识，为了某个愿景，为了一定的目标设立企业的第一步工作，这个工作对将来企业的运行及其风险管理极为重要，必须深思熟虑，认真研究，科学论证。组织设计主要是研究如何合理设计企业内部组织架构以及确定组织内各部门之间关系与合作模式的过程，企业战略风险管理是否有效，受到组织机构与管控模式的影响，也就是风险管理机构在组织结构中的设置及是否能有效参与战略决策的审定，是否在决策系统中具有有效的影响力及是否能够在企业的信息沟通网络中得到良好的响应。有的学者建议将风险管理委员会在企业的组织结构中置于一个较高的层次，并赋予一定的考核权力，以利于其开展工作。那么这个较高的层次，究竟是什么样的层次？风险管理委员会究竟应赋予什么样的权力才能保证对风险的有效管控？

笔者认为，要强化风险管理委员会这一机构对决策的影响，加强其对风险管理的权力，必须在组织结构中将之置于一个关键的位置，这个关键的位置就是让其和监事会并排，处于公司治理结构中第三个层面，即处于董事会之下，经理级层之上。以事业部制组织结构（即 M 型组织结构）具体如图 3-8 所示。

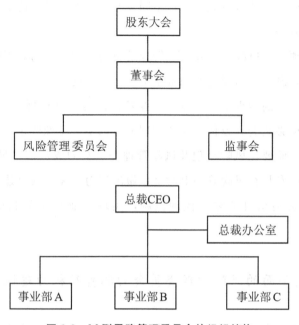

图 3-8　M 型风险管理委员会的组织结构

有的组织机构尽管在企业中置于某一层面，但在实务中往往形同虚设。究其原因，除了没有赋予一定的权力之外，还有一个原因，即此机构中的成员在企业中的地位不高，不具有有效的人际关系影响力，对重大事件没有知情权与参与权。鉴于此情况，笔者提出以下建议。

其一，风险委员会中的关键岗位——风险经理应该通晓风险管理知识，懂得风险管理，富有专长和工作经验，了解企业的基本生产与业务流程，了解企业的财务情况及人才资源情况，对企业所处的产业有较为深入的了解，同时，具备良好的沟通能力，有强烈的责任感。

其二，在公司的风险管理委员会中，应当有大股东参加，除了公司的董事长参加外，还要有几名董事参加，同时要吸纳不同领域的专家、重要职能部门的领导参加。这样，不仅保证了信息的充分，也保证了风险管理委员会在企业战略决策问题上的影响力。

其三，要建立科学的风险管理的决策流程。决策流程不健全，决策方法不完善，是战略决策进行风险审定产生问题的主要原因。所以，风险管理委员会应该有一个科学的流程、科学的方法，避免因个人地位而导致风险审定工作成为一家之言。此时，可以采用集体决策、匿名表决的方式，也可以采用评分法、头脑风暴法等一些可以充分尊重不同专业人士的意见，能够形成较为客观的结论的科学方法。

其四，必须赋予风险经理及风险管理委员会一定的权力，以保证其风险管理职责的履行，没有权力保证的职责是不可能实现的。

其五，在公司的治理结构建设中，要特别注意建立良好的委托代理机制，因为两权的分离必然会导致任何经营管理人员都不可能像股东一样对企业产生本能的责任感，而要让风险经理及风险管理委员会的成员们以最大的责任感，充分利用自己的专长在风险管理上对企业做出努力，无疑就是建立让风险经理与风险管理委员会认可的委托代理机制，实现企业利益与职员利益之间的平衡。

3.4.3 制度层面的风险管理委员会的职责及权力建议

风险管理委员会是企业进行风险管理的主要部门，承担着整体性风险的管理工作，对于企业合理管控经营风险，提高经营成果具有重要的意义，也是适应时代发展及企业对风险管理的要求而产生的一个新型企业管理的内部职能部门。

(1) 风险管理委员会的职责

对风险管理委员会应赋予明确的职责，才能够使这个机构师出有名，积极为企业战略风险管理保驾护航，在企业战略决策与战略风险管理中起到积极作用。风险管理委员会应赋予以下权力。

一是建立风险管理制度，制定并明确风险经理的职责。风险管理具有全面性、系统性，企业战略决策的制定要考虑企业的资产、财务、人事、营销、生产等诸多方面。风险经理和风险管理委员会要和上述相关部门进行良好的沟通才能通晓企业的实际情况，所以，必须建设有效沟通、权责明晰的风险管理制度，保证风险管理的全面性、全员性、全过程性。

二是制定风险管理措施，建立风险管理流程。用什么样的方法进行风险管理，遵从什么样的流程，应该由风险管理委员会提出并经董事会表决同意实施。风险管理必须进行企业日常管理，必须融合在企业的经营活动中，必须是企业管理不可或缺的重要环节，才能保证企业在风险管控上的力度，实现风险的合理规避。所以，必须将风险管理纳入企业经营业务中去，成为其不可分离的有机整体。

三是要建立风险管理考核、监督与评价制度，形成有效的监督、考核及信息反馈机制。风险管理要着陆，要对企业的各个层面产生影响，不仅要求在重大决策上具有参予权、否决权，还要对具体的业务具有监督、评价与考核权，考核的结果必须对被考核对象的绩效产生相应的影响，实现风险管理责任到人。唯此，才能让企业的各部门对风险管理加以重视，防微杜渐。事实证明，一些风险事件的发生并非不可管控，完全是企业决策层、管理层不重视而导致的累积效应。

四是加强风险意识与风险理念教育，营造风险管理的内部环境，建立关注风险的企业文化。风险经理不可能对企业的所有环节的风险都了如指掌，而各个部门、各个生产环节及企业的员工等基层工作部门和工作人员才具备这样的条件，但他们也只是对本部门或自己从事的生产环节的风险有详细的了解，不具备整体性与综合性；同时，由于知识的专业性，他们不可能对风险有深刻的认识。那么，只有通过风险文化的建设，才能使各个部门、各个员工建立起风险理念。要认识到"管理风险是每个人的工作"，就必须加强风险教育，因为企业的各部门及员工影响风险管理实施及效果，唯有他们重视风险管理，风险管理的工作才会对企业的发展起到护航保驾的作用。

（2）风险管理委员会的权力

风险管理委员会必须具备一定的管理权，否则无以实现其设立的目标与职责。职责与权力必须匹配，没有权力保障的职责是不可能实现的，因此为了保证风险管理委员会顺利行使其职责，必须给予其相应的权力，具体包括以下几点。

其一，决策的参与权与表决权。风险管理委员会必须对企业的重大决策进行审定，必须具有表决权、否决权。唯如此，风险管理委员会才能不成为虚架子，才能从源头上起到风险防范的作用。风险管理委员会的一些成员本身是董事会的成员，参加了企业战略决策的制订与选择，会对企业的战略决策有所了解，这样，在风险管理委员会对企业的战略决策进行审定时，就会便于沟通。但要让风险管理委员会真正职权相符，必须使其具备企业决策的审定权，具备否决权。

其二，风险管理委员会须具有一定程度使用资源的权力。比如必须有一定的预算，用于风险管理的教育、培训，必须对各部门的工作具备了解调查权，有权要求相关部门的人员提交所需的资料，有权要求相关部门的负责人对其所属部门的风险管理状况做出报告。

其三，考核权。考核结果要和各部门及其成员的绩效明显挂钩。只考核，不奖惩，这种考核没有效力，而考核结果一旦和各部门及其成员的绩效、晋升等利益指标相结合，就会产生强化效应。所以，具备考核权，一方面树立了风险管理委员会的权威，另一方面则对风险管理起到了强化效应，持之以恒，对企业风险理念与风险文化的打造就具有积极的推动作用。

第4章 经营风险的流程管理

4.1 经营风险的概念界定

4.1.1 文献综述

对于经营风险的研究，始终是企业界非常关注的问题，因为风险是无时不在、无处不在的。在经营活动中，要保证企业的持续经营，保证企业价值的增长，就必须注意到经营风险的影响，所以，国内外对经营风险的研究比较多，对其概念之界定众说纷纭。

如蔡依超、宋传文（2007）认为经营风险是企业在市场经济的环境下组织生产经营管理活动而承受的各种风险，总体上说它来自自然和社会环境的不确定性、市场经济运行及经营者自身业务活动的复杂性及经营者认识能力的滞后性及手段方法的有限性；弓天云（2008）指出企业经营风险包括自然风险、社会风险、经济风险与政治风险等，并将企业的经营风险分为常规风险与战略性风险，认为常规性经营风险其影响因素的来源较单一、作用链较短、范围与影响程度不大，对企业的存在不构成威胁，通常采用常规性管理方式就能防范；而战略性经营风险对企业的作用范围与影响程度大，对企业的存在构成威胁，需要进行战略性应对。也就是将经营风险分为战略层面的风险与日常经营管理层面的风险。而对经营风险研究是什么，只罗列出四类，即自然风险、社会风险、经济风险与政治风险，这四个风险显然属于宏观层面的风险，可能更多涉及战略层面的风险，对于常规性的经营风险是什么，并没有说明。而徐立（2014）也持同样观点，他认为企业的经营风险一类是因为外部政治环境因素、法律环境因素、社会文化因素和市场环境因素而引发的外部风险，另一类则是因为企业自身在战略决策、财务管理和日常运营等方面失误而引发的内部风险，而企业内部风险包括战略风险、财务风险、运营风险等。财务风险是指公司财务结构不合理、融资不当使公司可能丧失偿债能力而导致投资者预期收益下降甚至公司破产关停的风险。运营风险是指企业在运营过程中，由于外部环境的复杂性和变动性以及企业对环境的认知能力和适应能力的有限性，而导致的运营失败或使运营活动达不到预期目标的可能性。

张维、刘翠屏（2013）将经营风险分为外部经营风险与内部经营风险。外部经营风险分为三类：一是自然灾害构成的不可抗力风险；二是国家政府政策调整的外部风险因素；三是法律关系中的相对方的风险。内部风险是指从经营目的和运作的正常性而言，除包括资金在内的硬件方面的风险因素，如机器故障以及水、气、电故障等，会造成产品报废或不能按时交货的风险外，更多的风险因素存在或来自与从业人员意识紧密相关的事或行为因素，如缺乏切实可行的管理制度和管理制度执行不力、管理制度中缺乏风险防控的内容措施、人的不当行为或消极行为或责任心的缺失。张维等事实上把企业面临的所有风险都视作经营风险，但以风险来源和企业边界来划分企业的风险，分为企业系统之外的风险和企业系统内的风险。企业边界之外的风险也就是宏观层面或战略层面的风险，而源于企业内部因素的风险则属于弓天云所指的常规性风险或经营层面的、管理流程的风险。无独有偶，庄红梅（2010）也将企业的经营风险分为自然风险、社会经济环境风险和企业内的经营管理风险。持同样观点的还有刘燕（2011），也将企业风险分为内部风险与外部风险，并认为内部风险包括合同风险、质量风险、安全风险、财务风险，而外部风险包括市场风险与外部环境变化风险。

杜茂宝、戚兆川、张丽英（2002）也对企业经营风险进行了研究，他们将企业风险分为企业可分散风险和不可分散风险，他们认为从个别投资主体角度来看，风险可分为市场风险和公司特有风险。前者是指对所有公司都产生影响的因素引起的风险，如战争、经济衰退、通货膨胀、高利率等，这些因素企业是无法控制的。这类风险涉及所有的投资对象，不能通过多角化投资来分散，故称为不可分散风险或系统风险，所以，不应作为企业风险预警系统防范的主要对象。后者是指个别公司的特有事件造成的风险，如新产品开发失败、没有争取到重要合同、诉讼失败等，这些因素是企业自身活动形成的，除具有随机性外，在一定程度上是可以控制的，因而可通过多角化投资来分散，这类风险又称为可分散风险或非系统风险。这类风险由于是可分散的，因而应作为企业风险预警系统控制的对象。经营风险是指企业因经营上的原因而导致销售收入减少、利润降低，而影响企业按时支付利息、股息以及到期支付本金的能力的风险，且认为影响经营风险的因素很多，其主要有：市场需求、生产成本和经营的广泛程度。所以，可以理解他们界定的经营风险是可以分散的可控风险，或者叫作投机风险①。付吉元、王丽静、李锡英在研究论文中指出，所谓企业经营风险，从狭义上讲主要是指企业经营管理人员由于自身的知识水平、管理经验和业务能力不足，及国际国内局势、政策导向对市场的不利影响，未能实现企业利润最大化的预期目标，导致本企业的资产损失或处于风险状态的可能性。如企业在技术引进、设备更新、产品开发等方面的决策失误；经营管理人员的专业知识欠缺，管理经验、工作能力有限；世界经济危机、金融危机的影响，国际国内市场突变；国家新政策不利于企业扩大生产、销售产品等，企业道德风险是企业经营风险以外的风险，是企业管理人员主观上故意损害企业利益的行为引发的风险，它的产生在于企业管理人员道德观念、法律意识的偏差。其论述的侧重点在于说明道德风险并不在经营风险之内，经营风险是主观能力应对客观变化不足而产生的风险。也就是只要可能影响企业预期目标实现的风险都是经营风险。

而刘士光认为经营风险就是企业风险，是由于企业在经营方面的某些不利因素而导致的风险，通常被理解为企业未来息税前利润的不确定性。经营风险通常是指由于出乎意料的汇率波动，引起企业在一定时期内的收益发生变化的一种非明显性的风险。一般来说，收益变化的大小取决于汇率变动对该公司各个方面的影响程度，其中产品成本、产品价格、产品生产的数量等也不同程度地受到影响。也就是说，刘士光强调了汇率风险是经营风险，并认为经营风险是用息税前利润的不确定性来衡量的。所有可能导致企业息税前利润不确定的

---

① 理论上可将风险分为纯粹风险与投机风险，纯粹风险指只能带来损失的风险，而投机风险则也可能带来收益。

风险均是经营风险，显然，这个概念过于笼统。

谢获宝、黄娟（2007）的观点和前述基本一致，他们认为对于企业的整个经济活动而言，可以将其分为单纯的营业活动和理财活动，而由于企业营业风险和财务风险又都是由于企业外部环境变化所引起的经济风险所致，所以，经济风险、营业风险和财务风险共同构成企业的经营风险，经营风险应该包括外汇风险；并进一步认为，从企业整体经营活动所面临的风险出发，将企业经营风险定义为企业在生产经营过程中，由于一些难以预料或无法控制的因素的影响，以及企业难以对外部环境变化及时做出调整，使得企业实际收益与预计收益相互背离的不确定性。同样，吕宜恒也认为经营风险泛指企业在经营运作过程中，由于各种因素随机变化的影响，使实际收益与预期收益发生背离的不确定性，及其资产蒙受损失的可能性。

顾弘宇（2007）的观点更为宽泛，他没有局限于收益变动这个指标，而是认为企业经营风险是指在企业的生产经营过程中，产供销各个环节受不确定性因素的影响所导致的企业价值损失的可能性。

阮平南、王塑源（1999）的观点比较具体，他们认为企业的风险即为经营风险，包括生产风险、营销风险、财务风险、管理风险、信息风险、保障风险。石自娥（2009）认为所谓企业经营风险是指由于企业内外部环境的不确定性、生产经营活动的复杂性和企业能力的有限性而导致企业的实际收益达不到预期目标，甚至导致企业生产经营活动失败的可能性。经营风险主要包括：制度风险、员工风险、资产风险、财务风险、技术风险、信息风险。席光继认为企业经营风险由系统风险、非系统风险（产品风险、营销风险、财务风险、内控风险）构成。郑厚清（2011）将经营风险分为运营风险、财务风险与法律风险，其中运营风险包括组织、人员、技术、营销四个方面的风险。而其重点研究了经营中的流程风险，并将经营流程风险分为领导风险、正直风险、制度风险、技术风险及财务风险。于世水（2014）则简洁地将经营风险定义为管理风险、质量风险与成本风险。他们以列举法，以自己的研究对象为目标，阐述了自己对经营风险这一概念的理解。

陈慧芳认为经营风险有广义和狭义之分，广义的经营风险为企业运营所固有的风险，是由于与生产经营相关的因素而导致的未来经营收益的不确定性。狭义的经营风险是指企业利息及税前预期利润（EBIT）的波动程度。

而唐爱莉（2007）在研究跨国经营风险中则将经营风险定义为市场风险，即由于市场变化给企业带来的风险。

4.1.2　经营风险概念之界定

学术的第一步，必须是对概念的界定及对约束条件的描述。所以，概念界定始终是学术研究的发端。研究经营风险须对之有一个明确的界定，否则后续的研究工作就会失去依据。通过对经营风险的研究状况的了解与梳理，不难作出归纳，即当前对于经营风险的概念有两种理解。

第一种，认为所有可能导致企业预期目标变化的风险都是经营风险，在这种概念界定的前提下，有的学者将经营风险分为宏观风险与微观风险、战略风险与常规性风险、外部风险与内部风险。无论如何分类，断定某种风险是不是经营风险，就看它是不是会对企业的预期目标，如息税前利润、企业价值等产生波动性，如产生则为经营风险。这种界定，事实上是将企业的经营风险等同于企业风险，前文的蔡依超、弓天云、徐立、张维和刘翠屏均持如此观点，我们可以称之为企业风险论。

第二种，认为企业的经营风险是由于内部因素导致的风险，即认为企业的风险是由于内部管理、经营行为、制度建设与内控等因素产生的，是因为内部因素对外部环境的反应不灵活、不正确导致的。这些风险包括法律风险、管理风险、正直风险、营销风险、质量风险、产品风险、财务风险、库存风险等，阮平南、王塑源、石自娥、郑厚清和于世水持这样的观点，我们可以称之为内部风险论。

当然，还有一种观念，即认为某种风险就是经营风险，研究者是从自身工作与从事行业的角度，对风险下了一个可能比较不完善的定义，如唐爱莉。但在此方面可能进行了比较深入的研究。

从诸多学者的研究结论看来，笔者更认同第一种观点，即将经营风险分为外部因素导致的经营风险与内部因素导致的经营风险，将经营风险分为广义与狭义层面，但和陈慧芳所述狭义则有差异。广义的界定和陈慧芳所述吻合，即指所有导致企业经营不确定性的风险，或者说由于与生产经营有关的因素而导致的未来经营收益的不确定性；而狭义的概念和陈慧芳则不同，并不认为经营风险是指企业利息及税前预期利润的波动程度，因为广义层面的风险也会导致企业利息及税前预期利润的波动，这个波动只是结果，而非因素。笔者认为狭义的经营风险是指由于企业经营管理层的运营行为导致的风险，即所谓的流程风险。这个风险通过企业的流程设计、流程优化与流程控制是可以管控的，是一个可控的风险。当然在这种界定之内，财务风险是属于经营风险的，并不像有的学者所持观点一样，把财务风险排除在经营风险之外。

同时，要从流程的视角对经营风险进行研究，本书关注更多的是企业内部的因素，如企业的制度设计、工作流程规划等因素，而不去研究系统风险^①，因为系统风险是企业共有的，是由共同因素引起的。经济方面的如利率、现行汇率、通货膨胀、宏观经济政策与货币政策、能源危机、经济周期循环等。政治方面的如政权更迭、战争冲突等。社会方面的如体制变革、所有制改造等。它包括利率风险、购买力风险、政策风险与市场风险，这些风险没有基本规律，尽管有着一定的预期信号，但由于对所有企业都会造成冲击，是一个共性的问题，所以本书不将其作为主要研究对象。因为从流程的角度上着手，也没办法有效地管理它。

4.1.3　经营风险的分类与风险源分析

前文将经营风险分为广义与狭义两个层面。广义的经营风险即指所有导致企业经营状况波动的风险，可以用息税前利润或企业价值等指标的波动来衡量。而狭义的经营风险即流程风险。

经营风险具有客观性、相对性、复杂性。按不同的标准可以作如下分类。

如按风险的性质分：纯粹风险与投机风险。纯粹风险是指只有损失机会而无获利可能的纯损失风险，例如：车辆损坏、火灾、洪涝、地震等；投机风险是指既有损失机会又有获利可能的风险，例如：股市风险、价格变动风险等。

---

　　① 系统性风险（Systematic Risk）又称市场风险，也称不可分散风险，是影响所有资产的、不能通过资产组合而消除的风险，这部分风险由那些影响整个市场的风险因素所引起。这些因素包括宏观经济形势的变动、国家经济政策的变动、财税改革等。它是指由多种因素的影响和变化，导致投资者风险增大，从而给投资者带来损失的可能性。系统性风险的诱因多发生在企业等经济实体外部，企业等经济实体作为市场参与者，能够发挥一定作用，但由于受多种因素的影响，本身又无法完全控制它，其带来的波动面一般都比较大，有时也表现出一定的周期性。

一般我们以投保的方式去转移纯粹风险。

按风险因素的形成过程分：渐进风险与突变风险，其风险因素的形成往往又一个可观察到的过程，由于缓慢，有企业对于这样的风险往往视而不见。但量变累积到一定程度往往会给企业造成极大的损失，如煤矿的瓦斯与水害事故，工厂的设备故障。突变风险，是指风险因素的形成较快，征兆不明显，具有突发性特点的风险，例如自然灾害、政策变动等。

按风险的可控程度分：可控风险与不可控风险。可控风险是指凭借经营者自身的力量可以控制的风险；不可控风险是指经营者自身无法左右和控制的风险，例如自然灾害。

按风险的对象分：财产风险、人身风险及责任风险。财产包括有形财产和无形财产，有形财产在企业经营过程中容易受到自然灾害和管理不善造成的侵害并导致生产经营活动中断的风险，而且对有形财产这一实物形态的生产要素配置不当也会带来机会成本，对无形资产的经营不当则会带来无形资产贬值的风险；人身风险是指由于人的疾病、伤亡所产生的风险；责任风险是指由于团体或个人的行为违背了法律、合同或道义的规定，给他人造成财产损失或人身伤害，按照法律规定应负的损害赔偿责任。

关于经营风险源的问题，有些学者从不同侧面做了研究，如连伟（2008）认为经营风险主要来源于以下几个方面，一是经营环境变化；二是不可抗力；三是恶意竞争行为；四是合作伙伴履约资信的影响；五是竞争；六是产品结构单一；七是产品或服务成本、定价的影响；八是风险控制职能缺失。许国宏（2011）分析企业经营面临的风险来源与成因时指出，企业的经营风险来源于市场环境的变化、操作的不规范、人力资源管理、金融市场、财务工作。刘一鹏（2011）研究指出从一定程度上讲企业经营风险产生的原因绝大部分源于企业内部，产生经营风险的外部因素除了各种不可抗力外，一般都可以通过良好的风险预警机制进行有效的识别并采取积极的调整措施。原因主要有：缺乏风险意识、决策失误、内控制度不健全、管理水平低。蒋宏桥、郑石桥通过对公司治理与企业风险组织类型关系研究指出，公司治理对企业风险有显著影响，其中第一大股东持股比例、股权制衡度、独立董事人数以及高层管理人员持股比例与高风险组合呈显著负相关；而国有股、董事会规模与董事会会议次数与高风险组合显著正相关。这是从公司治理结构的层面来研究经营风险来源的，其研究结果说明，公司治理结构不健全也是经营风险产生的一个因素。王棣华、王红圆通过研究太子奶集团的发展轨迹，发现盲目的多元化扩张是导致太子奶出现资金链断裂，并且最终走向破产重组的主要原因，并指出其中签订对赌协议、过度运用财务杠杆是最大的风险因素。从经营决策，即经营的多元化角度和财务操作方面提出决策失误是企业经营风险的重要来源。而胡成根、李刚（2010）通过实证结果表明，公司的系统风险与公司的多元化程度是正相关的；公司的债务风险与公司的多元化程度是正相关的；公司的经营风险与公司的多元化程度是负相关的。也说明多元化在一定程度上可以减小企业的经营风险。之所以有不同的结论，取决于个案的多元化程度和其发展环境与自身实力的结合，倘若三者不能有机结合，则多元化就是只老虎，否则可能是关老虎的笼子。钱民强则认为企业的经营风险来源于两大方面，一是生产要素的长期稳定及价格合理的风险；二是生产经营过程中的可控性风险。

无论从什么角度来分析风险源，都脱离不了一个基本的逻辑框架与逻辑关系，即，企业的经营风险必须是与企业的决策与经营相关的，必然是与企业关联的，因此，我们完全可以从企业经营本身的流程对企业的经营风险源进行梳理，提示二者的内在关系。企业决策与经营链可用图 4-1 表示。

无疑，在企业创立时，企业愿景的选择与确定，就必须使企业和自然风险、社会风险、政治风险、经济风险、行业风险联系起来，因为企业必须选择一定的愿景和目标，这是企业存在的前提，没有这个前提，企业就没有存在的价值。也就是说，企业必须为社会提供某项服务或产品，它才有生存与发展的基础。而只要企业设立，只要企业确定了自己的服务和产品，它就不能脱离一定的自然、社会、经济与政治环境，也不能脱离其行业环境，所以，自然环境、经济政治环境和行业环境的变化，必然会对其产生深远的影响，这种风险在企业做出抉择后就不可规避。我们可称之为系统风险，但并不是严格意义上的纯粹风险。因为自然环境、经济政治环境的变化，也可能给企业带来正向波动性（有时称正向风险）。

企业面临的第二个层面的风险是战略风险，战略风险属于运营风险，为什么？因为战略风险通过科学的决策流程与科学的方法是可以规避与管控的，比如步鑫生的失败、巨人集团的没落、长虹电视的衰败、诺基亚的失败，完全就是战略选择与决策的失败。所以，战略决策与经营计划的制定是非常重要的，

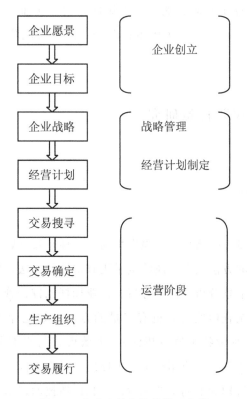

图 4-1　企业决策与经营链示意图

是企业设立后的决策层面的重大问题，关系到企业的生存，牵一发而动全身，举足轻重，不可不慎为之。而这两项工作，不仅要考虑企业的宏观形势，也要考虑企业的行业竞争优势与劣势，考虑企业自身的资源条件，只有通过类似SWOT 分类这样的科学分析手段才能制定出科学有效的战略规划与经营计划，否则，将会使企业面临极大的风险，甚至造成不可挽回的巨大损失。第三个层面就是具体运营流程，如发放订单、签订合同、组织生产、销售推广、财务管理等，都是非常具体的但又是不可或缺的经营流程，其中存在着违约风险、信用风险、资产损失风险、库存风险、财务风险、人力风险等，这些都是具体的经营环节的流程风险，通过流程设计与制度建设是可以管控的。

　　所以，企业经营是一个复杂的系统工程，在运营中会面临各种各样的风险，对风险分析与预测不准确、管理措施不得力，就会导致严重的经营风险。因此，企业在经营过程中，一方面必须充分认识可能危机企业经营安全的各种风险，正确评价其对企业经营的影响；另一方面必须加强流程控制，确保每个环节的管控，才能最大限度控制企业的经营风险，保证企业的可持续发展。

4.2 企业经营风险计量研究

4.2.1 文献综述

风险计量即衡量风险概率（风险发生的可能性）及其影响程度。国内外关于风险计量与评价的方法较多，风险度量既有定性的方法，如问卷调查、集体讨论、专家咨询、情景分析、政策分析、行业标杆比较、管理层访谈、由专人主持的工作访谈和调查研究等；也有定量的方法，如统计推论（如集中趋势法）、计算机模拟（如蒙特卡罗分析法）、失效模式与影响分析、事件树分析等。在《企业风险管理——应用技术》中提出了风险坐标图法、压力测试法等方法。而英国风险管理标准列举的风险识别和评估技术包括：问卷调查法、产业标杆法、情境分析法、研讨会法、事故调查法、市场调查法、事件树分析法、VAR 值法、统计推理法等。

国内关于风险计量研究的成果主要集中于三个方面。

一是从风险计量的基本定义出发的计量研究。如郑厚清（2011）认为风险计量主要是对风险概率和风险影响程度两个基本风险变量进行评定和估算；而阮平南、王塑源（1999）进一步用数学语言来描述风险计量，认为风险可以表示为事件发生概率及其后果的函数，可用公式 $R=f(P, C)$ 表示，其中，R 表示风险，P 表示事件发生的概率，C 表示事件发生的后果。并且将企业经营风险指标体系划分为不同的层次和子系统，利用企业收益模型，根据当前各层次（或子系统）的风险对企业收益的影响，给各层次（或子系统）的指标动态地赋以权值。不同层次或子系统的风险值，是根据指标的数值与权重乘积求和计算得到一个表示风险大小的数值，称为风险值，认为某种风险的风险值越大，其风险就越大。用生产销售收益模型来计量销售收入与成本和生产的关系，通过生产销售收益模型可以度量营销风险、生产风险和采购风险三种。这些方法主要是用概率技术和数理统计的方法对风险进行研究，比如用方差①、均方差、协方差等来衡量风险，用风险价值（VAR）模型对风险进行计量。研究的前提是基于风险因素是一个时间序列，服从某种分布函数，通过其分布特征来研究其某种状态在一定的置信水平下出现的概率。

二是从对经营成果的影响的角度进行的研究。如石自娥（2009）认为最能综合反映经营风险的指标是经营杠杆系数，它是指销售量变动引起息税前利润变动的百分比，其假设条件是成本—销售量—利润保持一定的线性关系；杨潇（2012）也通过经营杠杆理论，利用经营杠杆系数（DOL）对运输企业经营风险进行评价；杜媛、方秀凤（2014）认为经营风险是企业无负债时由于生产经营过程中的不确定性而导致企业收益变动的风险，是企业总风险的组成部分，可用息税前收益的方差与经营杠杆来度量。以上研究是对经营风险的单因素计量，即研究某一风险源对经营的风险。

三是通过建立指标体系从总体来对经营风险进行计量。如张川、佟玉明（2003）将商业银行之经营风险分为主要风险与其他风险，并建立指标体系，运用模糊评判的方法确定不同指标间的权重，以一个综合的指标衡量其风险；刘祖军、马龙波、张大红（2010）同样在建立风险评价指标体系基础上结合层次分析法与模糊综合评判法确定各评价层次风险等级；李铁军、刘志斌、刘浩瀚（2012）则通过有效结合 Delphi 法、ANN 法和概率法对油田经营风险进行评价，形成了一种新的基于模糊熵加权的油田经营风险评价法；同样，施放、沈惠芬（2012）针对浙商企业研究并设计出一套全面有效的企业经营风险评价指标体系，综合反映浙商的经营风险。高松（2006）以政治、经济、社会文化、技术作为影响对层次分析法的跨国经营风险进行了评价。与第二类不同，这些研究都是从整体的层面对企业的经营风险进行多因素的综合评价的研究。

此外，还可应用其他方法对经营风险进行研究，如杨文安（2006）运用风险矩阵法对高速公路经营风险进行评价，通过计算 Borda 序值，对高速公路经营风险的相对重要性进行了排序；曹继娟（2014）也选取风险矩阵方法对我国跨国企业面临的经营风险进行定性评估，并以中国五矿集团公司收购澳洲 OZ

---

① 我们可以对某种事件定义出不同的状况，并赋予值，计算其平均值与方差，通过平均值与期望值或标准值的差异来衡量其状况的风险。显然，逆向差异越大，风险越大；逆向差异越小，风险越小。另外，可以通过方差来评判波动性大小，方差越大，波动性越大，说明数据越不稳定，风险越大。

为例，探讨风险矩阵方法对评估我国跨国企业经营风险的优点及适用性。

经营风险主要是流程风险，当然从广义角度讲还有金融因素导致的风险，我们称为金融风险，如利率风险、流动性风险、信用风险、法律风险、市场风险，我们可以计量的可以是利率风险、价格风险，这些可以用数量统计的方法进行研究，通过对其时间序列的研究，估计其某种价格或利率水平出现的概率，通过此概率来研究其对经营收益或企业价值的影响。而对于研究的主要对象——流程风险，即由于内部因素导致的风险，可以根据企业的经营管理系统分为生产系统之风险、营销系统之风险、财务系统之风险与后勤保障系统之风险，具体可分为决策风险、人员风险、法律风险、财务风险、资产管理风险（仓储管理风险）、生产风险、采购风险和营销风险等。对于这些风险的计量研究，根据对象的不同，可以采用定性的描述，也可以采用定量的研究。可以进行单因素的计量，也可以进行综合计量。而什么样的综合计量最合适，关键在于建立一套科学的评价指标体系和方法，从目前来看，尚无成熟的研究成果。

4.2.2 基于 VAR 技术的经营风险研究

根据 Philippe Jorion 的定义，Var 是指在正常的市场环境下，在一定的置信水平和期间内，衡量最大预期损失的方法。其数学定义如下：

若资产或资产组合的随机损益为 W，则对应于置信水平 c，Var 满足如下等式：

$$1-c=p(W \leq Var) \tag{4-1}$$

一般而言，将 Var 取正值。故在上式中，在 Var 前加负号，显然，Var 就是对应于置信水平 c 的损益分布的下分位数，可见，其计算的是资产或资产组合的下方风险（Downside risk）。

VAR 技术主要是衡量投资或投资组合的风险的，所以在衡量金融风险方面运用广泛，甚至成为当前计量金融风险的唯一工具，原因在于无论受什么样的因素的影响，如政策、需求、利率、汇率等，投资或投资组合的表现只有唯一的指标，即收益，且收益的时间序列的数据采集是非常方便的，如果能够估计它们服从某种概率分布，就完全可以估计它在一定置信区间其收益的数值。而我们知道其收益值对企业的经营风险是有影响的，可以根据生产销售收益模型或企业收益模型确定某种风险来源和企业收益或生产销售收益的数量关系，从而计算出其风险价值。

例如，假如一个企业生产单一的产品，其价格受市场的影响经常进行波动，那么就可以取其价格的时间序列，计算其在某一置信区间的风险价值，实际是在某一概率下的价格水平，如表示置信水平一般为 99% 或 95%，假设为 99% 时，其价格为 200 元，而价格的均值为 350 元，由于 Var 计算的计算分为两种，其一是相对 Var 的计算，如设 W_0 为投资组合或单一投资的初值，R 为收益率，R 的预期波动率和投资波动率分别为 μ 和 σ，定义在给定置信水平下的投资组合的最小价值：

$$W^* = W_0(1+R^*) \tag{4-2}$$

其中，R^* 表示与置信水平 c 相对应的收益率，

则有：

$$Var = E(W) - W^* = -W_0(R^* - \mu) \tag{4-3}$$

其二是绝对 Var 的计算，所谓绝对，即投资的初值与给定置信水平的最小值的差，公式为：

$$Var = W_0 - W^* = -W_0(1 - R^*) \tag{4-4}$$

之所以称为绝对 Var，是因为度量的是相对于"零"的损失，所以，有时也称为 Var（零值）。这两种方法都给出了近似的结果，而相对 Var 在概念上更合适，因为它认为其间的风险来自对平均值的偏离。

所以，可以计算出价格的风险价值为：

$$Var = E(W) - W^* = 200 - 350 = -150 \tag{4-5}$$

我们以企业价值模型分别计算价格对企业经营风险的影响。每股收益即每股盈利（EPS），又称每股税后利润、每股盈余，指税后利润与股本总数的比率，是普通股股东每持有一股所能享有的企业净利润或需承担的企业净亏损。每股收益通常被用来反映企业的经营成果，衡量普通股的获利水平及投资风险，是投资者等信息使用者据以评价企业盈利能力，而可以进行不同时期的比较，预测企业成长潜力，了解该公司盈利能力的变化趋势，也是衡量企业价值的重要指标。

计算每股收益时要注意以下问题。编制合并会计报表的公司，应以合并报表中的数据计算该指标。如果公司发行了不可转换优先股，则计算时要扣除优

先股数及其分享的股利，以使每股收益反映普通股的收益状况，已作部分扣除的净利润，通常被称为"盈余"，扣除优先股股利后计算出的每股收益又称为"每股盈余"。有的公司具有复杂的股权结构，除普通股和不可转换优先股以外，还有可转换优先股、可转换债券、购股权证等。可转换债券的持有者，可以通过转换使自己成为普通股股东，从而造成公司普通股总数增加。购股权证持有者，可以按预定价格购买普通股，也会使公司普通股份增加。普通股增加会使每股收益变小，称为"稀释"。计算这种复杂的股权结构的每股收益时，应按照有关部门的规定进行，没有相关规定的，应按国际惯例计算该指标，加权平均每股收益（EPS）的计算公式如下[①]：

$$EPS = NP/(S_0 + S_1 + S_i \times M_i \div M_0 - S_j \times M_j \div M_0) \tag{4-6}$$

其中：NP 为报告期利润；S_0 为期初股份总数；S_1 为报告期因公积金转增股本或股票股利分配等增加股份数；S_i 为报告期因发行新股或债转股等增加股份数；S_j 为报告期因回购或缩股等减少股份数；M_0 为报告期月份数；M_i 为增加股份下一月份起至报告期期末的月份数；M_j 为减少股份下一月份起至报告期期末的月份数。如果存在优先股，则在报告期利润中要扣除优先股股利。

我们知道，净利润＝收入－成本－费用（管理、销售、财务）－投资收益（有可能为加）－公允价值变动损益（有可能为加）－营业外支出＋营业外收入－所得税费用。在所有影响净利润的因素中，和价格有关的就是收入，而收入又和所得税费用有关系，应纳所得税额＝应纳税所得额×税率－减免税额－抵免税额。而企业的应纳税额，主要包括七项收入，即生产、经营收入，财产转让收入，利息收入，租赁收入，特许权使用费收入，股息收入，其他收入（包括固定资产盘盈收入、罚款收入、因债权人缘故确实无法支付的应付款项、物资及现金的溢余收入、教育费附加返还款、逾期没收包装物押金收入以及其他收入）。在上述收入中，和价格相关的只有生产、经营收入，所以，可以简化地认为应纳税额主要指生产经营收入，所以，可以简化净利润的计算公式为：

$$NP = R - T = PQ - TPQ = PQ(1-t) \tag{4-7}$$

$$故，\quad EPS = PQ(1-t)/(S_0 S_1 + S_i \times M_i \div Mm0 - S_j \times M_j \div M_M) \tag{4-8}$$

[①] 中国证券监督管理委员会《公开发行证券公司信息披露编报规则》第9号。

每股收益的风险价值，用 VAR_{EPS} 表示，则其计算公式为：

$$VAR_{EPS} = VAR_P \times Q(1-t)/(s_0 + s_i \times M_i \div M_0 - S_j \times M_j \div M_0) \qquad (4\text{-}9)$$

根据上述，在 99% 的置信区间，VAR 为 -150 元，设所得税率为 25%，加权股份数为 1000 万股，产量为 200 万件，同期每股收益的风险价值为 -22.5 元。说明在 1% 的概率下，每股收益才可能出现下降 22.5 元的事项。

4.2.3　经营杠杆在经营风险计量中的运用研究

经营风险我们一般定义为经营收益的变动性，不管这种波动性是由什么因素引起的，总体来讲，最终结果是收益发生的波动，这种波动或不确定性，就是风险，所以，可以用经营收益的方差来表示，或者用标准差来计量，这是概率或统计的方法，除此之外，经营风险计量的方法有很多，有定性研究的，有定量研究的，分别从不同的方面对经营风险进行计量，而经营杠杆系数是衡量经营风险的指标之一。研究经营杠杆和经营风险的关系，不仅可以计量企业在一定的成本结构下的经营风险，而且对于其经营决策也很重要。

（1）经营杠杆的定义及约束前提阐述

经营杠杆假设企业的量—本—利呈一定的线性关系。事实上，企业的变动成本和产量并不是严格的线性关系，量—本—利的关系可用如下公式表示：

$$L = PQ - F - C_v Q \qquad (4\text{-}10)$$

这个利润是息税前利润，我们一般用 EPS 表示，代表企业的经营收益。其实影响息税前利润的因素很多，从上面的公式我们可以看到，有变动成本 C_v，有产量 Q，还有固定成本 F 及产品的价格。前面说过，变动成本和产品的产量我们假设呈线性关系，事实上，实证研究不能证明二者呈严格的线性关系，实践表示二者在一定的产量范围是线性关系，但产量增加到一定程度，在固定成本不变的情况下，变动成本必然增加，甚至，在生产规模迫使不得不增加固定成本的情况下，变动成本必须增加。最典型的就是电信企业的成本，初始投资固定成本是很大的，但在一定的用户规模上，变动成本几近不变，不会明显增加，但规模增加到一定程度时，必然会导致变动成本与固定成本的增加，当然，也可能固定成本增加，但变动成本不变。所以，变动成本和产量的关系没有实证研究表明是严格的线性关系，但在一定的生产规模内，变动成本和产量保持着较为明显的线性关系，这是可以证明的。所以，量—本—利分析的约束条件之一是在一定的生产规模上，假设变动成本和产量呈线性关系。约束条件之二是假设产品产量的增加不会影响产品的价格，产品产量增加，必然引起价格的下降，这是经济学中有名的供求规律的要旨，但实践中是不是产量增加就会引发价格下降呢？那也不一定，产量增加会不会引起价格下降，第一要看供求关系，第二要看市场结构，如果市场是垄断市场或完全竞争市场，产量增加就不一定会引发价格下降。同时要看产品的生产周期，它是新产品、市场不饱和的产品，还是淘汰落后的、市场饱和的产品。因此，影响价格的因素很多，而价格显然会引起收益的波动，但在量—本—利模型中，假设价格不变。约束条件之三是固定成本不变，即认为固定成本投入之后，在一定的生产规模，固定投入不会增加，固定成本保持不变。

而经营杠杆用 DOL 表示，其计算公式为：

$$DOL = (\Delta EBIT / EBIT)/(\Delta Q/Q) \tag{4-11}$$

其含义指产量变动率与息税前利润变动率之比，表明产量每变动1％导致息税前利润变动的比率。产量变动带来的息税前利润变动越大，表明杠杆效应越好。

(2) 息税前润的波动性与产量的关系数学模型

根据量—本—利的公式：$L = PQ - F - C_vQ$，我们假设企业的初始产量为 Q_0，则初始的息税前利润计算如下式：

$$EBIT_0 = PQ_0 - F - C_vQ_0 \tag{4-12}$$

若产量变至 Q_1，设此时的息税前利润为 $EBIT_1$，则，$EBIT_1$ 计算如下式：

$$EBIT_1 = PQ_1 - F - C_vQ_1 \tag{4-13}$$

我们可以计算息税前利润的差异，设为 $\Delta EBIT$，则有：

$$\Delta EBIT = EBIT - EEIT_0 = P(Q_1 - Q_0) - C_v(Q_1 - Q_0) \tag{4-14}$$

设 $Q_1 - Q_0 = \Delta Q$，则有：

$$\Delta EBIT = P - C_v \Delta Q \tag{4-15}$$

换句话说，息税前利润的波动和产量的波动呈线性关系，则其波动系数为价格与变动成本的差，这个差，我们称为边际收益，一般用 m 表示，因此公式（4-15）可以表示为：

$$\Delta EBIT = m\Delta Q \qquad (4\text{-}16)$$

不难看出，息税前利润的差异或波动取决于两个因素，一是边际收益，二是产量的变化，因此，经营杠杆的约束条件前面已经论述过，其中有两个，一是产品价格不变，二是变动成本不变，故而，边际收益不变。这样，息税前利润波动的影响因素就只有一个，那就是生产量的波动。进而推广，在量—本—利分析模型下，企业的经营风险可以用息税前利润的波动表示，而息税前利润的波动可用产量的波动表示，企业的经营风险当然就可以用产量的波动来表示。但是，经营风险波动到什么数量范围是可以接受的？什么范围是不能接受的？这就需要进一步地研究。

（3）经营杠杆与经营风险之关系研究

根据经营杠杆的计算公式，我们可以进一步研究经营杠杆与经营风险的关系。

$$DOL = (\Delta EBIT / EBIT) / (\Delta Q / Q)$$
$$= m\Delta / (mQ - F) / (\Delta q / q)$$
$$= Q / (Q - F/m) \qquad (4\text{-}17)$$

而 F/m 指什么呢？

因为有 $L = PQ - C_v Q$，故有：$L = mF - Q$，令 L 为零，则有：

$$L = PQ - F - C_v Q \qquad L = mQ - F \qquad F/m = Q \qquad (4\text{-}18)$$

L 等于零，即息税前利润为零，此时的 Q 称为保本产量，可以用 Q^* 表示。保本产量表明此产量情况下，企业的息税前利润为零。当产量大于保本产量时，企业的经营收益大于零；反之，企业的经营收益小于零。我们可以通过保本产量与实际产量的差异衡量经营风险，差异越大，风险愈大；差异越小，风险愈小。这样式（4-17）可以进一步演化为：

$$DOL = Q / (Q - Q^*) = 1 / (1 - Q^*) \qquad (4\text{-}19)$$

还有一个产量，可称为 Q^*1，它的数值是固定成本和产品价格之比，它表明产出水平仅可弥补企业的固定成本，这是企业决策生产与否的重要边界值，在此产量水平之下，企业的收益除弥补固定成本之外，还可以适当弥补变动成本，只有产量达到 Q^* 时，才能盈亏平衡；而只有越过 Q^* 时，才能保证息税前利润大于零。

所以，通过经营杠杆的分析，我们可以计量企业的经营风险：

当 $Q=Q^*$ 时，$DOL \sim \infty$，企业经营收益为零，处于盈亏平衡状态；

当 $Q<Q^*$ 时，$-\infty<DOL>+\infty$，企业经营收益小于零，处于亏损状态；

当 $Q>Q^*>$ 时，$1<DOL>+\infty$，企业经营收益大于零，处于盈利状态。

因为企业的经营收益的波动可以用产量变动比来表示，即企业的经营风险可以用产量的变动性来表示，而经营杠杆也是产量变动率的一个函数，所以，二者之间可以建立一定的数量关系。具体表现为：在第一种情况下，企业处于盈亏平衡状态，此为风险的临界状态，如扩大产量，则产生利润；若减小产量，则出现亏损。所以，也可以视作风险的临界点，在此状况下，企业决策要认真审视自己的状态，尽可能增加产量，以避免亏损。

在第二种情况下，企业处于亏损状态，亏损的程度随着产量减小而增大，经营风险也随之而增大，在此时决策时，要注意计划产量无论如何不能低于 Q^*，否则企业的生产尚不足以补偿固定成本，风险很大。在经营决策上要注意分析影响产量的因素，解决关键问题，尽快扩大产量，以期实现扭亏为盈。

第三种情况，企业处于盈利状态，此时产量越大，经营风险越小；但从严格意义上讲，必须注意到规模的约束，因为随着规模的增大，企业可能需要投入固定资产，同时可能存在变动成本的增加，所以，利润的增大可能不是完全线性的。这一点在经营决策时尤其要注意，当然，在一定的市场条件下，由于产量的增加，市场供给增加，也可能影响产品的价格，从而影响息税前利润。

总之，产量的波动率 Q^*/Q 可以用来衡量企业的经营风险，这个比值等于1时，企业处于盈亏平衡状态，处于风险的临界点，这个比值越小，企业的经营风险越小，这个比值越大，企业的经营风险越大。

(4) 延伸分析——多因素经营风险计量研究的基本模型与技术路线

运用量—本—利分析模型进行经营杠杆分析时，假设条件是价格不变，固定成本不变，变动成本与产量呈线性关系，这个模型简化了许多对经营收益的影响因素，同时忽略了产量变动对价格的影响因素。事实上，企业生产规模不可能在固定投入不变的情况下无限扩张，产量增加到一定程度时，必须要求增加相应的固定资产投入，这是毋庸置疑的。另外，产量增加到一定程度时，变动成本也会变化，不一定保持稳定的值。所以，在实务研究时，要进行一定的计量分析，以考评假设约束条件的范围，否则，可能出现不太一致的结论。同时，必须注意到，此模型中影响息税前利润的因素除了产量，还有价格、固定成本与变动成本。进行风险计量时，可以用这个模型进行多因素的经营风险分析，比如，考察两个因素：价格与产量的波动对风险影响的协同作用，可以研究产量、价格及变动成本三因素波动对经营收益的影响，即对经营风险的影响。这就需要进一步建立价格的波动函数与变动成本的函数，建立多元计量模型，运用计量经济学的方法进行进一步的拓展研究。

比如，我们设以价格与产量两个因素作为影响企业经营收益的自变量来计量经营风险，根据量—本—利模型有：

$$EBIT_0 = PQ_1 - F - C_\nu Q_1 \tag{4-20}$$

同时，设价格与产量的计量关系为：

$$P = a - TQ \tag{4-21}$$

上式基本上反映了产品价格与产量的关系。当然，为了更好地拟合这个公式，可以采用计量经济学的方法，通过大量的数据分析来确定其相对准确的公式。

通过对（4-20）式的求导，可以得到：

$$EBIT = PQ + PQ - C_\nu \tag{4-22}$$

前面我们用息税前利润的变动率来计量经营风险，息税前利润变动率的计算公式为：

$$EBIT/EBIT = (PQ + PQ - C_\nu)/(PQ - F - C_\nu Q) \tag{4-23}$$

上述数学模型就解决了两个风险源的经营风险的计量问题。当然，多风险源因素风险的计量基本研究思路同上述一样。

在这个研究工作中需要注意的就是数学模型的拟合，比如，要确定价格和供给量的数量关系，要确定量本利的较为准确的数学模型，必须以大量的实际数据作为基础资料，运用计量经济学的方法进行细致的研究，只有拟合精度符合要求的数学模型才具有一定的现实指导意义，脱离现实数据的任何简单的臆测都是不严肃的、不可取的。

　　同时，必须注意到并不是所有的风险源都可以计量研究，比如政治风险、法律风险、自然风险以定量的研究方法进行研究是缺乏依据的，定性的研究可能更可靠、更具有说服力。而有些经营风险如汇率风险、利率风险、市场风险在一定程度上和市场机制本身的关系可能不是太大，尤其在我国市场条件下，政治政策因素更强烈，因而以大量的数据进行拟合可能得不到有价值的计量模型，甚至价格本身也存在政府管制的影响，即便是大数据也不能很好地解决这一问题。因此，在经营风险的计量实践中，必须根据实际情况选择更便捷、更可靠的方法对经营风险进行计量，定性的方法不一定效果好，定量的方法也不一定效果好，完全取决于实际情况，这一点对于研究工作尤为重要。

本章参考文献：

[1] 弓天云.企业经营风险的战略管理思考[J].建筑经济,2008,8.

[2] 徐立.浅析企业的经营风险[J].经济管理,2014,8.

[3] 张维,刘翠屏,吴招宇.企业经营风险的防控与对策[J].企业家天地,2013,8.

[4] 庄红梅.论论企业经营风险管理[J].决策探索,2010,10.

[5] 杜茂宝,戚兆川,张丽英.企业风险预警系统的研究[J].河北职业技术师范学院学报(社会科学版),2002,9.

[6] 付吉元,王丽静,李锡英.企业的经营风险与道德风险[J].经济论坛,2002,20.

[7] 刘士光.论如何控制企业的经营风险和财务风险[J].商场现代化,2011,71.

[8] 谢获宝,黄娟.企业经营风险及其来源分析——基于财务数据的分析[J].今日工程机械,2007,2.

[9] 顾弘宇.企业经营风险和财务风险的防范和控制[J].甘肃科技,2011,9.

[10] 阮平南,王塑源.企业经营风险及预警研究[J].决策借鉴,1999,3.

[11] 石自娥.浅谈大企业集团的经营风险管理[J].科技视界,2009,12.

[12] 陈慧芳.浅议中小型企业的经营风险与防范[J].新西部,2007,8.

[13] 刘燕.2011我国中小企业经营风险防范对策刍议[J].时代金融,2011,11.

[14] 蔡依超,宋传文.基于经营风险分析的安全管理方式[J].商场现代化,2007,7.

[15] 连伟.浅谈企业经营风险管理[J].企业管理,2008,8.

[16] 许国宏.浅议企业经营风险防范[J].企业管理,2011,11.

[17] 刘一鹏.经济危机状态下的企业经营风险防范[J].中国证券期货,2011,11.

[18] 钱民强.对经营风险的战略思考[J].经济师,2011,2.

[19] 蒋宏桥,郑石桥.公司治理与企业风险组合类型关系研究[J].新会计,2011,1.

[20] 胡成根,李刚.多元化与公司风险研究[J].运筹与管理,2010,6.

[21] 王棣华,王红圆.从太子奶集团破产风波看企业经营风险管理[J].湖南财政经济学院学报,2011,2.

[22] 郑厚清."走出去"企业控制经营风险理论与方法[J].合作经济与科技,2011,11.

[23] 阮平南,王塑源.企业经营风险及预警研究[J].决策借鉴,1999,3.

[24] 杨潇.运输企业经营风险评价研究[J].现代商贸工业,2012,12.

[25] 张川,佟玉明.商定银行经营风险评价指标体系及模糊综合评判[J].东北大学学报,2003,11.

[26] 刘祖军,马龙波,张大红.油茶产业经营风险评价研究[J].北京林业大学学报,2010,12.

[27] 李铁军,刘志斌,刘浩瀚.一种基于模糊熵的油田经营风险评价法[J].工程数学学报,2012,2.

[28] 施放,沈惠芬.浙商企业经营风险评价体系研究[J].区域经济,2012,3.

[29] 杜媛,方秀凤.经营风险程度的度量方法探讨[J].统计与决策,2014,5.

[30] 杨文安.风险矩阵法在高速公路经营风险评价中的应用[J].公路与汽运,2006,3.

[31] 曹继娟.以五矿收购为例的跨国公司经营风险评估研究——基于风险矩阵的方法[J].海峡科学,2014,4.

[32] 高松.基于层次分析法的跨国经营风险评价模型研究[J].中国管理信息化,2006,8.

第 5 章　流程视角的财务风险研究

5.1　财务风险概述

5.1.1　财务风险概念界定

正如日本学者龟井利明所述，风险不只是指损失的不确定性，还包括盈利的不确定性。但我们研究的风险是指损失的不确定性。通常认为，财务是指公司财务结构不合理、融资不当使公司可能丧失偿债能力而导致投资者预期收益下降的风险。也有学者称财务风险指的是企业无法按期支付负债融资所应负的利息或本金而有倒闭的可能性，因此又称为违约风险。从预期收益下降和违约风险的关系看，前者为因，后者为果，即预期收益下降可能会导致不能偿还贷款、利息产生流动性风险，甚至资不抵债、不得不破产的危机。但预期收益下降却和财务管理与决策有着紧密的关系，如资金结构不合理或融资决策不科学，没有很好地运用财务杠杆，导致股东的收益降低，为别人打了工，自己的利益没有增加，甚至亏损；比如投资决策调研不充分，对市场预期没有很好地掌握，导致投资失败；比如经营中财务管理手段落后，导致资产的损失或存货管理不当，占用过多的资金或由于应收账款管理不当导致流动性降低。上述均会影响企业的收益，导致违约风险。陈可喜（2012）认为，财务风险是指企业在筹资、投资、资金回收及收益分配等各项财务活动过程中，由于各种无法预料、不可控因素的作用，使企业的实际财务收益与预期财务收益发生偏差，因而使企业遭受经济损失的可能性①。这个概念说明财务风险的来源是筹资、投资、资金回收、收益分配四个主要财务活动，结果是实际财务收益与预期财务收益的偏差。所以，应该怎么界定财务风险呢？财务风险首先是在财务活动中产生的，来源于理财活动，有人把经营风险当作财务风险的一种，实际混淆了经营活动和财务活动的区别，经营活动包括财务活动，财务活动是经营活动的组成部分，是经营活动中的理财活动。财务风险是由于理财活动导致的收益的不确定性。所以，它本质上是一种决策风险、流程风险，属于经营风险的范畴。

5.1.2　财务风险的特点与分类

（1）财务风险的特征

第一，客观性。财务风险是客观存在的，不可能完全消灭。客观的财务收益必然存在与预期收益的偏差，不可能完全一致。这是由人的主观性与财务经营活动的复杂性、财务环境的复杂性决定的。

第二，全面性（或系统性）。财务风险是指财务活动产生的与预期财务收益的偏差，在融资、投资和收益分配等环节普遍存在，贯穿于企业经营管理的全过程，各个方面，所以，具有全面性、系统性。

第三，不确定性。加强风险管理与风险评估的目的在于尽可能准确地把握风险，但由于企业经营环境的复杂性，市场价格、利率、财务管理技术均可能导致财务收益的波动性，事前是不能准确地确定财务风险的大小的。

第四，损失性。指财务风险会给企业带来损失，带来收益的负面波动，影响企业经营绩效。

第五，相关性。相关性指企业的财务风险不是单独存在的，它与企业的其他运营行为、企业的内外环境和人员素质等有着密切的联系。同时，财务风险和财务收益也是相互关联的，财务风险程度与风险报酬大小成正比。

（2）财务风险之分类

财务风险是财务活动产生的财务收益的偏差，根据这个定义，可以将财务

---

① 陈可喜：《财务风险与内部控制》，立信会计出版社，2012 年版。

风险分为以下几类。

第一，筹资风险。即融资筹资行为产生的风险。主要指资金供需市场、宏观经济环境的波动导致的融资成本的波动引发的财务风险，融资行为对资本结构的影响导致财务杠杆的变化形成的财务收益风险，即筹资的风险与资金结构变化导致的收益风险。

第二，投资风险。即企业由于投资决策而带来的财务成果不确定性，投资风险本身也是个决策风险。企业项目的开发从资金的角度看是资金投资活动，开发行为的失败也就是投资活动的失败，无疑严重影响了财务成果。

第三，现金流量风险（或流动性风险）。是指企业由于企业债务规划不合理、流动性不足，可能造成短期偿债能力不足，陷入财务困境。

第四，担保风险。也称为连带财务风险。即由于为其他单位进行担保，因借款单位无法还本付息，产生的连带责任。

第五，财务管理风险。财务管理风险是一种流程风险，是由于财务内部控制制度不健全、财务管理不科学导致的资产损失的风险。如存货管理风险、现金或其他资产损失风险。

第六，收益分配风险，即由于收益分配行为导致的财务风险。如对企业利润的分配脱离企业实际情况，缺乏合理的控制制度，必将影响企业的财务结构，从而可能导致财务风险。

除了以上六种，学术界也有把经营风险列入财务风险中的，正如前文所述，经营风险的范畴要大于财务风险，财务风险是经营风险的一种，所以，不能称经营风险为财务风险。也有人将外汇风险视作财务风险，其实，外汇风险本身和价格风险一样，是一种市场风险，当然，对财务成果有影响，但如果企业进行外汇交易行为，此时，外汇风险应该就是财务风险，因为此时的外汇交易行为是一种财务行为，是一种财务活动。

（3）财务风险的成因及危害

财务风险是企业在复杂多变的内外环境中的财务活动导致的，没有财务活动，就不会有财务风险。

导致财务风险的第一个因素就是宏观经济环境的波动性。宏观环境的变化对企业来说，是难以预见和难以改变的。宏观环境的不利变化必然给企业带来财务风险。如，生产原材料的价格波动、所生产商品价格的波动，资金市场的波动等，均会对企业的财务活动产生风险，造成财务风险。如果企业的财务管理缺乏对外部环境变化的适应能力和应变能力，不能采用合理的风险管理工具，对于不能预料的宏观经济风险，一般企业常采用风险分担、风险减少、风险对冲的手段进行风险管理，以期减小风险损失，倘若不采用合理的风险管理手段，就会给企业带来严重的损失。

第二个因素是企业管理者的风险意识不强。风险是无时不在、无处不在的，财务风险在市场经济中也是不可避免的，任何一个企业都会存在一定的财务风险，只要存在经济活动，也就伴随着财务风险。而由于部分企业的管理者缺乏必要的财务风险意识，导致企业对财务风险认识不足，准备不足，使财务风险扩大化，给企业带来损失。

第三个因素是财务决策风险。比如融资决策、投资决策、资金配置决策都是企业极为重要的决策。决策不科学，会导致企业融资成本增加、股权分散、投资项目失败、资金使用效率下降，这些都会对企业的财务收益产生负面影响，甚至导致企业的经营失败。诺基亚公司就是一个典型的例子。

第四个因素是财务管理失控、不严谨。主要表现在企业内部在资金管理、使用及收益分配等方面管理混乱、权责不明，造成资金流失及使用效率下降，资金的安全性、完整性不能得到保证。比如存货的采购量不符合经济批量法，导致采购与仓储成本上升。资金管理不符合内部控制规定，存在管理漏洞，导致资金流失，固定资产管理不规范，导致固定资产损坏或流失。

第五个因素是收益分配不科学，没有考虑到企业的长远发展规划的资金需求。在企业经营和发展的不同时期或阶段，企业所采取的发展战略以及股利政策也不同，必须和企业的发展规划相适应，考虑到企业内源融资与外源融资的差异及对企业的财务影响。如果分配方法和制度缺乏一定的科学性和合理性，不遵循企业的实际经营状况，缺乏科学的分配决策，必将影响企业的财务结构，从而形成间接的财务风险。

财务风险对企业的经营会产生一定的影响，如果风险管理工具与手段不科学、不合理，甚至会导致企业破产。如果在资金管理与运用上不合理，不仅会导致企业资金使用效率低下，如果资金的流动性不合理，还可能会产生流动性风险，资金周转困难，严重时会导致企业没有足够的流动资金清偿到期债务，即便企业有很好的发展前景，也不得不进行资产重组，股权稀释，甚至被强制破产；如果融资成本过高，则会导致财务杠杆的负面效应，企业规模和产值利润都增加了，但所获净收益不佳。而投资决策失败不仅会给企业的可持续发展带来致命的影响，也会导致效益滑坡，竞争能力降低，职工收入下降，挫伤职工的生产积极性。而财务管理不到位，导致大量的应收账款，大量的库存，现金及固定资产损失等，不仅影响企业资金的流动性，也直接造成企业的成本增加，收益减少。

5.2 融资决策、财务杠杆与财务风险研究

融资是企业扩张的一个必要条件，没有资金支持，企业不可能完成再生产或扩大再生产，而融资可分为内源融资[①]与外源融资，内源融资是在企业内部融资，主要由留存收益[②]和折旧构成，内源融资的情况取决于企业的经营收益，取决于企业的分配政策。当然也存在一定的风险，能否很好地实现，企业的经营情况是关键因素，企业经营不佳，内源融资是不可能实现的；但在企业运营状况良好的情况下，内源融资是具有便捷性的。内源融资并非没有成本，内源融资的成本首先不应该低于市场上的平均资金收益率。如果从未分配利润中获取，股东实际上失去了使用分配后的收益进行再投资的机会，所以，必然存在成本，这个成本将来从企业的经营收入中获取，前提必然是高于社会的资金平均收益率。当然，出于某种战略需要，在低于社会平均资金收益率的情况下，甚至没有收益的情况下，股东也可能同意内源融资。本节主要研究外源融资。

外源融资面临三种风险，一是资金市场风险，即由于资金市场的供求关系

---

① 内源融资是指公司经营活动结果产生的资金，即公司内部融通的资金，它主要由留存收益和折旧构成，是指企业不断将自己的储蓄（主要包括留存盈利、折旧和定额负债）转化为投资的过程。内源融资对企业的资本形成具有原始性、自主性、低成本和抗风险的特点，是企业生存与发展不可或缺的重要组成部分。事实上，在发达的市场经济国家，内源融资是企业首选的融资方式，是企业资金的重要来源。

② 留存收益是指企业从历年实现的利润中提取或留存于企业的内部积累，它来源于企业的生产经营活动所实现的净利润，包括企业的盈余公积和未分配利润两个部分。法定公积金按照净利润（减弥补以前年度亏损）的 10% 提取，累计额达注册资本的 50% 时可以不再提取。任意盈余公积主要是公司制企业按照股东会的决议提取。

导致的融资成败的风险，可以通过一些计量经济模型进行研究，也可以用定性的研究方法进行研究；二是由于资金供求关系的变化导致的利率风险，实际上间接导致了资金成本超过预期，造成财务收益降低的风险，可以用敏感性分析进行研究；三是由于融资之后，资本结构发生变化，在生产规模不变的情况下导致的财务收益波动的风险和生产规模扩大后导致的财务收益波动的风险，前者可称为静态的或规模不变前提下的财务风险，后者可称为动态的或规模扩张情况下财务收益波动风险。第三种情况是企业经营中经常遇到的情况，对于企业的融资决策有非常现实的指导意义。

5.2.1　财务杠杆系数（DFL）的定义

财务杠杆系数（Degree of Financial Leverage，DFL）也称财务杠杆程度，是指普通股每股税后利润变动率与息税前利润变动率的倍数，通常用来反映财务杠杆的大小和作用程度，以及评价企业财务风险的大小。其计算公式如下：

$$DFL = \frac{\frac{\Delta EPS}{EPS}}{\frac{\Delta EBIT}{EBIT}} \tag{5-1}$$

公式中：DFL 为财务杠杆系数；ΔEPS 为普通股每股利润变动额；EPS 为普通股每股利润；$\Delta EBIT$ 为息税前利润变动额；$EBIT$ 为息税前利润。当然，也有以税后利润的变动率来衡量的，公式如下：

$$DFL = \frac{\frac{\Delta FAT}{EAT}}{\frac{\Delta EBIT}{EBIT}} \tag{5-2}$$

上式中 ΔEAT 为税后利润变动额，上式可以推导为如下公式：

$$DFL = \frac{EBIT}{IBIT - T} \tag{5-3}$$

公式（5-2）和公式（5-3）属于表态的财务杠杆模型。

每股收益即每股盈利（EPS），又称每股税后利润、每股盈余，指税后利润与股本总数的比率，是普通股股东每持有一股所能享有的企业净利润或需承担的企业净亏损。每股收益通常被用来反映企业的经营成果，衡量普通股的获利水平及投资风险，是投资者等信息使用者据以评价企业盈利能力、预测企业成长潜力，进而做出相关经济决策的重要财务指标之一。其计算为税后利润减去优先股股利除以发行在外的普通股股数。而 $EBIT$，全称为 Earnings Before Interest and Tax，即息税前利润，由字面意思可知是扣除利息、所得税之前的利润。其计算为净利润＋所得税＋利息，或等于经营利润＋投资收益＋营业外收入－营业外支出＋以前年度损益调整。每股收益的计算可以简化如下：

$$EPS = \frac{(EBIT - I)(1 - T)}{N} \tag{5-4}$$

假如增加了负债融资，而经营规模不变，则每股收益的变化可用如下公式计算：

$$\Delta EPS = \frac{I_0 - I_1}{N}(1 - T) \tag{5-5}$$

倘融资后经营规模有变化，则每股收益计算公式如下：

$$\Delta EPS = \frac{EBIT_1 - EBIT_0 + I_0 - I_1}{N}(1 - T) \tag{5-6}$$

公式中，$I_0 - I_1$ 分别表示融资前后的利息支出。为便于简化研究，本研究将优先股与借款等同，因为二者均需在利润分配前扣除①。但并不完全如此，借款利息如果可以资本化或利息高于银行同期同类贷款的利息部分不准在税前扣除。

$$每股收益的变动率 = \frac{EBIT_1 - EBIT_0 + I_0 - I_1}{EBIT_0 - I_0} \tag{5-7}$$

因此，财务杠杆的计算公式可以表达如下：

$$DFL = \frac{EBIT_1 - EBIT_0 + I_0 - I_1}{EBIT_0 - I_0} \bigg/ \frac{\Delta EBIT}{EBIT_0} \tag{5-8}$$

---

① 《国家税务总局关于企业向自然人借款的利息支出企业所得税税前扣除问题的通知》（国税函〔2009〕777 号）规定，企业向股东或其他与企业有关联关系以外的内部职工或其他自然人借款的利息支出，同时符合以下条件的，其利息支出在不超过按照金融企业同期同类贷款利率计算的数额的部分，准予在所得税前扣除。

（1）企业与个人之间的借贷是真实、合法、有效的，并且不具有非法集资目的或其他违反法律、法规的行为。

（2）企业与个人之间签订了借款合同。

5.2.2 财务杠杆数学模型的拓展

财务杠杆实际是边际分析法的一个运用[①]，表明的是弹性，即每股收益相对于息税前利润的弹性系数。计算公式有一个假设前提，就是借款利息可以全部在税前扣除，这和实际情况有差别，如税法规定，"企业为购置、建造固定资产、无形资产和经过 12 个月以上的建造才能达到预定可销售状态的存货发生借款的，在有关资产购置、建造期间发生的合理的借款费用，应当作为资本性支出计入有关资产的成本。因此，对这部分借款的利息支出不能在发生当期的所得税前直接扣除，要先记入其成本，在使用过程中或出售时再分别依照计提折旧、摊销或结转成本的方法计算扣除"。同时，《国家税务总局关于企业向自然人借款的利息支出企业所得税税前扣除问题的通知》（国税函〔2009〕777号）规定，企业向股东或其他与企业有关联关系以外的内部职工或其他自然人借款的利息支出，同时符合以下条件的，其利息支出在不超过按照金融企业同期同类贷款利率计算的数额的部分，准予在所得税前扣除。所以，这里的利息是符合规定的利息，但如果约定利息高于超过金融企业同期同类贷款利率，那情况就会发生改变，就要把利息的超过的部分在公式中扣除，那么，财务杠杆的数学模型就会发生变化。

例如，企业的毛收益为 100 万元，假设利息支出为 10 万元，但允许扣除 5 万元，那么净利润计算为：$100-10-(100-5)\times25\%=66.25$（万元）。

假如 10 万元利息全部符合税法规定，可以全部在税前扣除，则净利润为：$100-10-90\times0.25=67.5$（万元）。显然，每股收益是会有所变化的。

因此，对财务杠杆进行进一步的拓展研究时，必须根据实际情况对其数学模型进行改进，只有符合经营实际的杠杆模型才能对决策与财务风险的衡量工作有现实的指导意义。

---

① 边际分析法是经济学的基本研究方法之一，其数学原理是指对于离散 discrete 情形：边际值 marginal value 为因变量变化量与自变量变化量的比值；对于连续 continuous 情形：边际值 marginal value 为因变量关于某自变量的导数值。

5.2.3　财务杠杆融资决策与财务风险管理的借鉴价值

　　财务杠杆对于企业的融筹资决策与财务风险管理均具有较强的现实意义。在企业融筹资与财务风险管理中，都是一个操作性较强的计量分析工具。

　　(1) 财务杠杆在融资决策中的应用

　　财务杠杆说明了什么？说明了企业经营所得在股本和借款之间的收益的分配，如果借款的利率高于经营的全部资本利润率，这个杠杆对股东是不利的，也就是存在风险的；如果借款利率低于全部资本收益率，这个杠杆对股东就是有利的，因为股东可以分享借款所带来的剩余利润，那么这时的融资与筹资对企业是有利的，存在正向效果。所以，财务杠杆在融筹资决策中，可以通过对股东收益的影响来决定融资与否。

　　但时，在融资与筹资决策中，考虑的因素很多，比如，首先会考虑企业的战略发展需求，企业的扩张与经营是融资筹资决策的前提，有这个需求，企业才会进行融筹资。但融筹资并不简单以财务杠杆作为决策依据，有时要考虑更多的、更长远的战略意义。如企业扩张可能是通过规模效应来占领市场，实现一定程度的垄断经营，以便后期获取较高的垄断利润，这种情况下，融资可能导致财务杠杆效应变小，但这种损失最终会以企业的长远利润来补偿的，也就是企业这种融资决策是通过企业短期利润与长远利益的比较而得，短期利润必须服从长远利益。还有一种情况，企业不融得一定的资金，就无法开业，无法进行经营与发展，比如风投在企业中的投资，企业为了运营不得不进行的借贷行为，直接损害了股东的权益，但在这种情况下，企业的融资成本、财务杠杆效果不得不服从长期战略的要求，甚至在融资成本超过了社会平均资本成本、超过了企业的全部资本收益率的情况下，企业都不得不进行借贷，因为不进行借贷，企业就无法实现其战略目标，无法实现其愿景要求的目标，所以融资决策是一个复杂的问题，不能简单以财务杠杆系数的变化来衡量。但在通常意义上，我们还是可以借助财务杠杆进行融筹资决策的，可以通过比较财务杠杆系数来进行抉择。具体来讲，在资本成本低于企业的全部资金利润率时，企业是可以通过融资来运用财务杠杆增加股东收益的，但在融资成本高于企业的全部资金利润率时，通过融资运用财务杠杆就会减少股东的收益。所以，对资金成本进行比较是一个简单有效应的办法，只需比较融资成本，融资成本小于企业的资金利润率，就可以吸纳；大于企业的资金利润率，一般就不需吸纳，但这不是绝对的，在某种情况下，如前面所述的情况下，可能也会吸纳。

（2）财务杠杆在财务风险管理中的应用

财务风险是指企业因使用债务资本而产生的在未来收益不确定情况下由主权资本承担的附加风险。DFL 表示当 $EBIT$ 变动 1 倍时 EPS 变动的倍数，它经常用来衡量筹资风险，DFL 的值越大，筹资风险越大，财务风险也越大。

从其静态统计看，在资本结构不变的前提下，$EBIT$ 值越大，DFL 的值就越小；而在资本总额、息税前利润相同的条件下，负债比率越高，财务杠杆就愈大。财务杠杆大，意味着财务风险越大，因为不仅意味着息税前利润增加时，股东收益增加得快，也意味着息税前利润减小时，股东收益减小得也快，当然存在更大的风险。所以，如果企业经营状况良好，使得企业投资收益率大于负债利息率，则获得财务杠杆正效应；如果企业经营状况不佳，使得企业投资收益率小于负债利息率，则获得财务杠杆负效应。财务杠杆系数越大，主权资本收益率对于息税前利润率的弹性就越大，如果息税前利润率上升，则主权资本收益率会以更快的速度上升；如果息税前利润率下降，那么主权资本利润率会以更快的速度下降，所以财务杠杆效应大，就意味着财务风险大。这就需要企业根据自身的发展前景、对市场的把握对资本结构进行优化，负债规模要与企业的发展实际适应，既能使企业发展获得必要的资金，获得较好的财务杠杆效应；也必须考虑到市场变化，供求关系、政治环境与技术因素变化后可能导致的产品滞销、经营困难给企业带来的负面影响。否则，不仅可能导致财务风险，甚至可能由于资金链断裂而导致企业破产，这样的例子屡见不鲜，必须引以为鉴。

最后，必须注意到任何数学模型都是对现实情况的拟合；必须考虑到一定的约束条件，离开了约束条件，一切就失去根本；在应用财务杠杆系数测定企业财务风险程度时，必须注意其应用条件，即企业息后利润大于零，且资本规模、资本结构、债务利率等因素基本确定时，才能使计算出的财务杠杆系数具有实际价值。

5.3 防范财务风险的建议

5.3.1 文献综述

　　财务风险要管理好，还需从风险管理的流程上做文章，关于财务风险管理的研究文献比较多，如贺妍（2008）认为，财务风险管理贯穿于企业经营管理的全过程，是经营者识别可能影响企业经营目标实现的潜在事件，在风险偏好范围内的管理风险，为企业实现其经营目标提供合理保证的过程，许多企业财务风险管理停留在直觉判断上，未上升到理论层次，更未建立系统的财务风险管理机制。而企业风险管理是"艺术与科学"的结合，单靠管理者的经验判断远远不能满足企业风险管理的要求。因此，建立符合企业自身特点的，能为企业经营目标实现提供保障的，既强调目标管理，又重视过程管理的财务风险管理体系，完善风险管理流程非常有必要。高海燕（2012）针对 2008 年以来的金融危机对我国企业的发展造成的冲击，许多企业因资金、成本等问题而面临财务困境这一问题，提出企业应该加强财务风险管理，提高应对危机的能力并提出了一些加强财务风险管理的措施。黄晓红（2014）指出企业在整个经营过程中遭受到各种形式的风险，有可能是经营层面引致的风险，也有可能是道德层面引致的风险；有可能是内部带来的风险，也有可能是外部带来的风险。识别、评价、控制和化解财务风险是企业的有效战略经营手段，更是企业健康发展的动力和企业稳定的强力保障。孙仕敏（2014）对高校的财务风险管理提出了建议。热色拉（2014）指出在市场经济活动中，企业面临着很多不确定的因素，这些难以预料或控制的因素影响就是所谓的风险，企业所面临的最大风险就是财务风险。企业的财务风险是客观存在且不可避免的，因此必须先弄清楚风险的起因，才能根据起因有的放矢，使企业有效地减小或规避风险。冯曦（2014）提出运用金融工具进行财务风险的管理。金勇、吴涛（2014）对上市公司的财务风险进行了分析。闫付军（2014）从内部控制的角度提出了财务风险管理的措施。张蕊（2014）提出应借鉴外国经验进行财务风险管理。王咏梅（2014）对行政事业单位的财务风险管理进行了分析，提出了防范措施。

5.3.2　基于流程视角的财务风险管理建议

财务风险管理必须从流程的角度下手，才能管理好，必须在了解企业财务风险的种类和成因，进行初步的评估之后，企业才可以根据自己的情况和特点，采用正确的风险管理流程与方法来防范财务风险，降低财务风险，甚至规避财务风险。

防范、降低和规避财务风险，分为事前控制、事中控制及事后控制三个阶段。总体来讲，正确的预测、决策是防范和规避的重要手段与措施，也是最有效的手段，而事后的财务风险的管理不过是尽量减小因风险而产生的损失。比如，已经出现短期债务风险，企业面临到期债务不能偿还的情况，如何解决才能避免企业破产？有的企业发展前景很好，但是没有处理好即期债务，现金流出现了问题，不能按时偿还债务，债权人就有权要求清算，这时财务风险就变成了极大的危机，处理不好，一个好端端的企业就完了，此时的风险管理就变成了危机管理，就是事后的控制，风险已经转化为危机了，处理不好就是无法挽回的损失，就是企业运营的失败。这样的例子数不胜数，过去的巨人集团就是个典型的例子。防范企业的财务风险要从风险的成因、风险形成的过程及风险的特点入手，具体可归纳为以下几个方面。

其一，基于宏观因素的财务风险的防范。宏观环境的变化会导致财务风险，因为不管是融资，还是企业的销售等方面都受到宏观环境，诸如政策变化、经济周期、自然因素、科技发展等的影响，财务管理的宏观环境虽然存在于企业之外，企业无法对其施加影响，但并不是说企业面对不断变化的环境就无所作为。认真分析财务管理的宏观环境及其变化情况，把握其变化趋势及规律，并制定多种应变措施，适时调整财务管理政策和改变管理方法，从而提高企业对财务管理环境变化的适应能力和应变能力，以此降低因环境变化给企业带来的财务风险。比如，对于原材料价格的波动，就可以采用套期保值、期货、期权、权证等金融工具进行合理的规避。

其二，尊重决策的科学流程，进行谨慎的决策是减少财务风险的重要因素。财务行为本身是一个决策行为，决策错误了，风险自然就会产生，要减少风险甚至完全规避风险，就必须在决策环节与流程上采取谨慎的、科学的态度。决策有其科学的程序，不遵循其科学程序就会犯决策错误的毛病。财务的决策问题很多，如融筹资决策、经营利润的分配决策、物资采购的决策、仓储决策、物流决策、广告营销决策等，都是对财务成果有重要影响的决策。决策有其科学的流程，如广告决策，必须经过目标的必要性论证、方案的可行性分析、制订方备选方案选优等环节，如果仅仅靠拍脑袋，肯定会出问题的；决策的过程是一个科学的过程，也是一个科学的流程，有其科学的方法，如物资采购，可以用一些数学模型来进行计量的分析，如经济批量法；融资决策，可以用最低资金成本法；利润分配决策，要考虑企业的资金需求状态和股东的要求，都有科学的流程，不尊重流程，不尊重科学，就会犯错误；决策也必须对事物发展有科学的预测，比如对科学技术的发展和人们的需求趋势要有准确的预测，预测不准确，也必然会带来很大的财务问题，如 TCL 生产等离子电视，就是由于预测不准确而产生经营决策错误最后导致财务风险；诺基亚之所以败给苹果，同样是因对手机发展前景的预测错误而导致决策错误产生财务风险。财务决策的正确与否直接关系到财务管理工作的成败，经验决策和主观决策会使决策失误的可能性大大增加。为防范财务风险，企业必须采用科学的决策方法。在决策过程中，应充分考虑影响决策的各种因素，尽量采用定量计算及分析方法，并运用科学的决策模型进行决策。对各种可行方案要认真进行分析评价，从中选择最优的决策方法。

其三，要构建科学的财务管理系统，包括内控系统。高效的财务管理机构和高素质的财务管理人员是减少财务风险的重要因素。因为只有高效的财务管理机构与高素质的财务人员，才能保证财务决策的正确性与执行的有效性，才能减少财务运作本身的风险。融资问题、资金预算问题、成本控制问题、财务信息的传递问题都是财务部门的重要工作，其没有一项不和企业的财务成果有关。融资流程出了问题会直接产生财务风险，成本控制出了问题也会导致财务风险，财务信息更是会造成管理的无效率与资金的不安全，财务管理系统的内控问题也是产生财务风险的另一个重要因素，资金安全问题、因财务内部控制不分健全发生的问题比比皆是，财务风险存在于财务管理工作的各个环节，任何环节的工作失误都可能给企业带来财务风险，因此，财务管理人员必须将风险防范贯穿于财务管理工作的始终，必须健全财务管理规章制度，强化财务管理的各项基础工作，才能使企业财务管理系统有效运行，防范财务风险。

其四，要合理运用一些技术与方法。财务风险的管理可以采用分散法、规避法、转移法、降低法。所谓分散法，即通过企业之间联营、多元化经营及对外投资多元化等方式分散财务风险。多元化经营乃是现代企业发展中分散风险的重要方法。此方法的理论依据在于，从概率统计原理来看，不同行业或产品利润率，更新换代周期是独立的、不完全相关的。在这种经营方式下，某些产品因滞销而产生的损失，可能会被其他产品带来的收益所抵销，从而可以避免经营单一产生的无法实现预期收益的风险。所谓回避法即企业在选择理财方案时，应综合评价各种方案可能产生的财务风险，在保证财务管理目标实现的前提下，选择风险较小的方案，以达到回避财务风险的目的。而转移法则是指企业通过某种手段将部分或全部财产风险转移给他人承担的方法，如可以通过购买财产保险的方式将财产损失的风险转移给保险公司承担。在对外投资时，企业可以采用联营投资方式，将投资风险部分转移给参与投资的其他企业。在投资建造固定资产时，企业可以采用出包方式建造，将建造过程中存在的风险转移给承包方。采用发行股票方式筹集资金的企业，选择包销方式发行，可以把发行失败的风险转移给承销商。采用举债方式筹集资金，企业可以与其他单位达成相互担保协议，将部分债务风险转移给担保方赊销比重较大的企业。对企业闲置的资产，采用出租或立即售出的处理方式，可以将资产损失的风险转移给承租方或购买方。所谓降低法，即企业面对客观存在的财务风险，努力采取措施降低财务风险的方法。例如，企业可以在保证资金需求的前提下，适当降低负债资金占全部资金的比重，以达到降低债务风险的目的。在生产经营活动中，企业可以通过提高产品质量、改进产品设计、努力开发新产品及开拓新市场等手段，提高产品的竞争力，降低因产品滞销、市场占有率下降而产生的不能实现预期收益的财务风险。

本章参考文献：

［1］贺妍.浅议企业财务风险管理流程［J］.财会通讯,2008(1):110—111.

［2］高海燕.新形势下企业财务风险管理的思考［J］.中国集体经济,2012(16):172—173.

［3］黄晓红.企业财务风险的控制与防范对策［J］.时代金融,2014(3):201—204.

［4］孙仕敏.教学型高校财务风险的独特性及风险治理［J］.财会月刊,2014:28—30.

［5］热色拉.浅谈企业的财务风险管理［J］.现代企业,2014(4)71—72.

[6] 冯曦.企业财务风险管理中衍生金融工具的创新运用探析[J].财经纵横,2014:186—189.

[7] 金勇,吴涛.上市公司财务风险管理[J].当代经济,2014(2):60—61.

[8] 闫付军.浅谈基于内部控制的财务风险管理[J].金融视线,2014:110—119.

[9] 张蕊.浅谈企业财务风险管理[J].河南科技,2014(1):222.

[10] 王咏梅.试论行政事业单位财务风险管理与防范[J].财经纵横,2014:317.

第6章　基于流程的筹资、投资风险分析

筹资、投资是企业从资金视角分析的两大环节。实际上，企业的运行从资金层面看就是筹资、投资、资金运营及收益分配这四个环节。显然，筹资与投资环节是极为关键的环节，没有筹集一定的资金，不可能开办业务，它是企业成立的首要条件。习惯上人们认为企业的三要素是资金、人才、土地，并且越来越重视人才，而实际没有资金，一切均无可能。而投资则是在企业创立时首要考虑的因素，即在远景规划与企业确立宗旨时，在进行可行性分析时，就必须考虑的问题，包括：企业成立是想做什么，确立了想做什么，才考虑怎么做，能不能做。而筹资也不是盲目的，要考虑筹资方案的可行性，考虑其成本，考虑市场变化后对利息及偿债的影响，所以此二者实际是一个决策的问题，必须遵循决策的科学流程。

6.1　决策与科学决策的程序

6.1.1　决策的界定

有人认为决策就是拍板，决策就是选择。决策有狭义与广义之分。狭义地说，决策是在几种行为方针中做出选择；广义地说，决策还包括在做出最后选择之间必须进行的一切活动。许多学者对决策下过不同的定义，如著名的经济学家赫伯·西蒙阐述管理的本质时指出："决策是管理的心脏；管理是由一系列决策组成的；管理就是决策。"于光远指出：决策就是作决定。而张顺江教

授则指出：决策就是对未来实践的方向、目标、原则和方法所做的决定。[①] 这些定义都从不同的角度提示了决策的基本内容。

决策是一个科学的过程，当然有简单的决策与复杂的决策，但无论什么样的决策，都是指一个包括认识世界，把握和利用规律，确立未来目标，设计、选择和评价行动方案的过程。重大的决策具有基础性、战略性、引领性作用，如国家的宏观发展战略，区域经济发展战略决策，这些宏观的决策对一个国家是极为重要的，企业层面的决策是微观层面的，比之于宏观决策，只是一个相对复杂的系统工程，并不需要更广泛的知识，可能只需要某一方面的专门知识，如宏观决策既需要社会科学方面的知识，又需要自然科学方面的知识，而企业的决策可能只需要某一方面的专业知识，或者需要相当的专业知识，其范围与规模都比较小。显然，决策具有以下几个特点。

其一，目标性。决策总是为实现组织的某一目标而开展的管理活动，没有目标，或者目标不明确，就不可能做出正确的决策。

其二，选择性。决策最显著的特点之一就是它是在多个可行方案中选择最优方案。如果只有一个方案，决策者没有选择也就无所谓决策了。由于决策是在多个方案中择优，就对决策者的判断力提出了更高的要求。

其三，风险性。决策是一种带有风险的管理活动，因为任何备选方案都是在预测未来的基础上制定的。客观事物的变化受多种因素的影响，加之人们的认识总有一定的局限性，作为决策对象的备选方案不可避免地会带有某种不确定性，决策者对所做出的决策能否达到预期的目标，不可能有百分之百的把握，都要冒不同程度的风险，所以说决策具有风险性。

无疑，决策就是从两个以上的备选方案中选择一个方案的过程。但这个过程包含一定的边界与约束，包含着一个假设，其假设分为古典理性假设与有限理性假设。

6.1.2 古典理性决策的假设与有限理性假设

决策假设分为两种，古典理性假设与有限理性假设。古典理性决策的假设

---

① 姜圣阶、曲格平、张顺江、严济民，等：《决策学基础（上册）》，北京：中国社会科学出版社，1986 年版。

包含以下 7 个方面的内容：

　　① 决策者拥有与决策环境有关的完整的信息情报；

　　② 决策者有唯一而明确的决策目标；

　　③ 决策者在进行决策时没有时间和成本限制；

　　④ 决策者能够找到所有的可行方案，并清楚每一个方案的所有可能的结果；

　　⑤ 决策者清楚地了解所有评价标准，且这些标准及其重要性不随时间而改变；

　　⑥ 决策者完全具备分析和评估备选方案的能力；

　　⑦ 决策者进行决策的目的始终是获得组织的最佳经济效益。

　　显然，古典理性假设是建立在信息完全对称的基础上的，这和实际是有差异的，实际工作并不如此，一般也不可能如此；古典理性的决策类型是单一目标决策，在企业经营中这只是一个特殊情况，一般也不可能只考虑一个目标；古典理性假设是一个确定性决策或风险型决策，这和实际工作也不一致，而认为决策者完全具备分析和评估备选方案的能力，也是对决策者能力的最佳假设，从实际看这种决策者是根本不存在的。所以古典理性假设是一种理想的假设，当然会在实际运用中受到质疑。

　　而有限理性假设认为人的理性是有限理性，包含如下主要内容：

　　① 决策者在识别和发现问题中容易受到知觉偏倚的影响；

　　② 决策者在进行决策时有时间和成本限制；

　　③ 决策者一般都厌恶风险；

　　④ 决策者不可能获得与决策有关的全部信息；

　　⑤ 由于信息的有限性，决策者不可能制定出有关问题的全部方案；

　　⑥ 由于人们对客观世界的认识是有限的，因此不可能预期到每个方案的未来执行结果；

　　⑦ 决策者在决策时往往只求满意结果；

　　⑧ 决策是一种文化现象。

　　诚然，由于人的认知的局限性，且受各自价值观、能力、经历的限制，故决策者只能在比较全面了解组织目标和要求、比较充分了解备选方案的情况下，作出比较合理的决策，获得足够满意的效果。任何一个决策者均不可能做出最佳的决策方案，只能做出相对满意的决策选择。所以，有限理性假设决策原则是满意原则而不是最优原则。但无论是最优原则还是满意原则，都必须遵循一定的科学流程或科学程序，那么，科学的决策流程是怎样的呢？

6.1.3 决策的流程

决策需遵循一定的科学流程，否则，就可能给工作带来损失。其第一个环节就是界定目标，即决策问题的确定，而认识和分析问题是决策过程中最为重要也是最为困难的环节。一般情况下，决策之所以错误，对实际工作带来负面的影响，主要是因为问题不清，无从决策，真正的问题常常为众多的表象所掩盖，需要我们进行深入的分析，才能找到真正的问题。尤其对于非程序化决策①。界定问题，确定决策目标就变得尤为困难，非经一定的研究与调查，不能确定之。决策的流程包含两个部分，一是决策问题界定流程，其二是决策流程。决策问题的界定流程是发现问题，界定决策问题或目标的过程；而决策流程是确定解决措施，实现目标的方案的抉择过程。决策问题的界定流程如图 6-1 所示。

而决策的流程一般说来有四个环节，如图 6-2 所示。

二者综合在一起，决策就包括以下七个步骤，具体如图 6-3 所示。

第一，提出问题，分析问题，确定决策层次。

决策既然是一种管理活动，所以就必须围绕一定的问题来展开。例如在一个软件企业中，就有企业如何在市场竞争中发展自己；目前企业资金不足如何筹措；企业开发的软件产品如何进行市场定位；已开发的产品如何进行策划、宣传和销售等问题需要解决。在一个分了两个或两个以上的层次的组织中，仅仅将问题提出来是不够的，还必须在提出问题的基础上对众多的问题进行分析，以明确各个问题的性质，确定这些问题是涉及组织全局的战略性问题，还是只涉及局部的程序性问题。明确问题的性质是为了确定解决问题的决策层次，避免高层决策者被众多的一般性问题所缠绕而影响对重大问题的决策。对

---

① 决策的类型：程序化决策（决策者目标清楚，问题熟悉（经常发生），有关问题的信息容易定义和收集，利用现成决策准则就可以解决）；非程序化决策（问题是新颖的，无边界的，不经常发生，信息模糊和不完整，对企业意义重大）。投资决策属于后者，而融资决策属于前者。

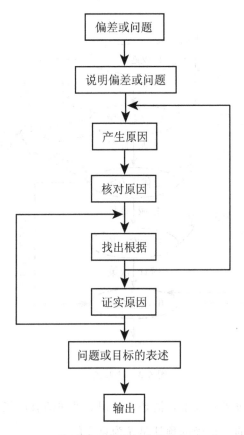

图 6-1　决策目标分析流程

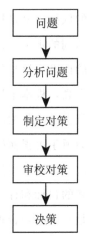

图 6-2　决策一般流程

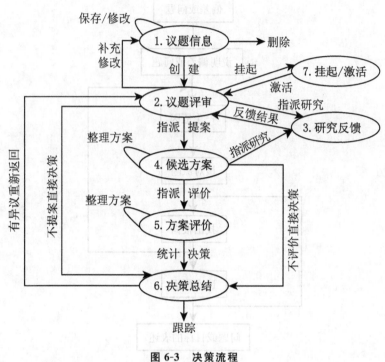

图 6-3　决策流程

决策者特别是高层决策者来说，清楚地认识到潜在的有可能发生的问题，对事物的发展进行超前的、正确的预计是尤为重要的。

第二，明确目标。

决策目标既是制定决策方案的依据，又是执行决策、评价决策执行效果的标准。决策目标也就是决策必须达到的水平。因而，决策目标必须定得合理可行。一项决策目标定得合理可行的标准应该是使该目标既能够达到，但又必须经过努力才能够达到。目标定得太高，根本不切合实际，会使人望而却步，失去为之奋斗的信心与勇气，决策就会随之化为泡影。目标定得太低，不经过任何努力即可实现，人们就可能认为唾手可得而感到无所作为，随之丧失应有的压力和积极性。管理的实践经验已经证明，保持一定的工作压力是必要的，而形成工作压力的主要途径就是决策的目标和计划指标了。决策目标首先必须正确，这是决策正确的航标；其次是水平必须合理、可行。

第三，制定备选方案。

实现同一个决策目标的方式或途径可能是多种多样的。不同的途径和方式实现目标的效率也就不一样。决策要求以费用最低，效率最高，收益最大的方式实现目标。这就要求对多种途径和方式进行比较和选择，所以决策的第三个程序就是在可以允许的程度内，将所有可能的备选方案都制定出来。

制定备选方案既是组织的一项管理活动，同时又是一项技术性很强的管理活动。无论哪一种备选方案，都必须建立在科学的基础上。方案中能够进行数量化和定量分析的，一定要将指标数量化，并运用科学、合理的方法进行定量分析，使各个方案尽可能建立在客观科学的基础上，减少主观假设性。

第四，评选、确定最优方案。

对决策的备选方案进行比较评价，确定最优方案，是抉择的关键环节。那么，如何才能评选、确定一个最优方案呢？

首先，需要组织一个得力的评选方案的班子，对方案在各个方面的合理性与科学性做出正确评价。

其次，要确定方案选择标准。经济组织决策中评选方案的标准一般是以经济效益为最基本的指标。如企业评价方案多以利润、成本、投资回收期等指标作为最基本的指标。

最后，评选方案工作一定要深入、认真、细致；评价方案不只是依据评价指标从中选择最高的，还必须详细审查方案的可行性。方案的可行性分析报告才是最重要的评选、确定依据，评价指标再高，如果不具备基本的现实可行性，也是毫无用处的。

第五，组织决策实施。

用现代决策理论观点来看，决策不只是一个简单的方案选择问题，它还包括决策的执行。因为决策正确与否，质量如何，不经过实践的检验，是得不到真正的证明的，实践才是检验真理的唯一标准。而且，决策的目的也就是实施决策，以解决最初提出的问题。如果说选择出一个满意的方案是解决问题成功的一半，那么，另一半就是组织决策的实施了。不能付诸实施的决策只能是水中之月，镜中之花。因此，决策者必须将组织决策实施的工作当作一个重要的环节来抓。

决策的实施首先要有广大组织成员的积极参与。为了有效地组织决策实施，决策者应通过各种渠道将决策方案向组织成员通报，争取成员的认同，当然最可取的方法是设计出一种决策模式争取更多的成员参与决策，了解决策，以便更好地实施决策。

第六，信息反馈和决策的修订、补充。

实施是检验决策正确与否的唯一方法。在决策时，无论考虑得怎样周密，也只是一种事前的设想，难免存在失误或不当之处，况且，随着外部社会市场形势的发展和变化，实施决策的条件不可能与设想的条件完全相吻合，在一些不可预测和不可控制因素的影响作用下，实施条件和环境与决策方案所依据的条件和环境之间可能有较大的出入，这时，需要改变的不是现实，而是决策方案。所以，在决策实施过程中，决策人应及时了解，掌握决策实施的各种信息，及时发现各种新问题，并对原来的决策进行必要的修订、补充或完善，使之不断地适应变化了的新形势和条件。

第七，总结经验，吸取教训，改进决策。

一项决策实施之后，对其实施的过程和情况进行总结、回顾，既可以明确功过，确定奖惩，还可以使自身的决策水平得到进一步的提高。通过总结决策经验，往往可以发现一些决策最初看起来是正确的，但在实施之后却并不令人满意；如某些决策短期效益可能十分显著，而长期效益却很差，这些都是通过对决策实施的结果进行总结所得到的经验。

6.1.4 决策的分类与决策方法之选择

决策分为三类，即确定型决策、风险型决策及不确定型决策。所谓确定型决策是指各备选方案所需的条件是已知的，并能确定各方案后果的决策；而风险型决策即可供选择的方案中存在两种以上的自然状态，哪种状态可能发生是不确定的，但可以估计其发生的客观概率的决策，如股票投资决策；不确定型决策就是各备选方案可能出现的后果是未知的，或只能靠主观概率判断的决策。

决策须采用科学的方法。决策者必须依照不同层次的需要，有针对性地运用适当的方法，使决策具有正确性和科学性。20世纪40年代，美国政治学者J. A. 罗宾逊首先提出一般决策方法，他主张广泛搜集历史资料结合现实情况决策。稍后，美国兰德公司开始在决策中采用台尔斐法。20世纪50年代前后，美国行政学家 H. A. 西蒙曾采用运筹学和计算机解决决策问题。随着科学技术的进步及人们对决策科学的研究，决策方法与工具也在不断演化，并随着决策技术的不断提高而日益丰富。

一般决策方法适用于各种决策而无特殊的要求。有适用于整个决策过程的方法，也有仅适用于某一阶段决策的方法。常用的一般决策方法有以下几种。

第一，经验资料法。同类行政问题有相似之处，决策者可以凭借以往的经验，并搜集相关的有价值的信息资料，获得有关的事实和数据，根据现状做出决策。此法有较强的实用性，但往往对问题的发展缺乏远见。

第二，逻辑推理法。决策者通过对行政现象的性质、产生原因和发展经过等因素的了解，推断出对另一类似现象的认识，从而制定出相应的行政决策。此法具有较强的逻辑性，但不能作无条件的推理。

第三，典型调查法。决策者对行政问题有大致了解后，从中选出若干有代表性的对象，通过系统深入的典型调查，做出有规范意义的行政决策。此法关键在于选好典型和确定抽样数量，以免影响决策的正确性。

第四，技术决策方法。指具有特殊要求而技术性较高的决策方法。科学决策常常不是用一般决策方法所能解决的。它涉及数学模型、形态模型等问题。主要技术决策方法分为两类：一是数学分析法。即决策者对行政问题作定量研究，首先把问题全部进行量化，建立相应的数学模型。数学模型通常有两种：一是描述某一行政活动的发展规律，如多因素构成的行政服务排队模型；二是描述某一行政问题的因果关系，如有因果关系的社会人才供求模型。根据模型进行运算和推导，获得精确的计算结果，然后做出符合实际的决策。此法采用定量分析较为客观，但应用时须具备数学条件。二是模拟模型法。决策者对实际行政系统做出模拟，通过对模拟模型的分析研究，认识实际系统的结构和功能。对行政决策进行模拟，经实验认为符合实际要求后，根据模拟决策做出正式决策。此法对特定决策较为适用，但须具备较翔实的数据，并借助计算机完成。具体有以下几种。

一是边际分析法。在决策中运用这种方法来计算增加一个变量（工人）将增加多少产出。萨缪尔森将边际产量定义为其他因素保持不变，因其中一个因素增加一个单位所增加的产量或产出。这种方法在决策过程中评价备选方案时尤其有用。

二是财务分析法。这是在决策中所使用的一种方法，用来估计投资的收益、计算投资回收期和分析现金流入量和流出量。评价投资方案时可以采用现金流入量和流出量折现的分析方法。

三是盈亏平衡分析法。我们在控制职能中讨论这种方法。这种方法以价格、固定成本和单位变动成本为基础，能使管理人员了解备选方案的效果。运用这种方法，可以确定整个公司的盈亏平衡点或者是任何一种产品的盈亏平衡点，在盈亏平衡点，总收入等于总成本，利润为零。

四是比率分析法。比率分析法是一种会计方法，用来解释会计信息。在该方法中，基本的财务比率表现为对某一特定时期的成本和收益进行比较。这些比率能够反映两个财务项目之间的关系。

五是运筹学方法。运筹学将定量方法应用于决策之中。米勒和斯达（Star）将运筹学（OR）定义为"应用决策理论"，决策者处理问题时运用科学的、逻辑的或数学手段实现决策合理化。在运筹学方法中，通常运用的方法包括观察、分析、假设和实验。而运筹学方法则包括排队论、线性规划、博弈论、模拟技术、决策树法。

六是德尔菲法。通常，很难获得决策模型中需要的经验数据，因为考虑的变量是主观的。因此，我们需要一种方法来对这些变量进行"硬数据"估计。这可以通过德尔菲法来实现。这种方法最初是由兰德公司创造的，用来进行长期预测，此后这种方法得到广泛的应用。德尔菲法有几个重要的特点，这使得它在现实情形中非常具有吸引力。将那些从不同方面研究问题的专家聚集在一起，从他们那里获得的对问题的一致性意见就是硬数据。这个数据是通过几次循环得到的：首先诱发专家们的观点，然后在不牺牲或不折中任何个人意见的前提下，将这些观点进行提炼加工和综合。选择专家小组成员必须仔细，这样他们才能代表问题的不同方面。

6.1.5 决策风险与决策类型的关系

风险就是不确定性，所以，不确定性和风险表现出正相关，即不确定性越大，风险就越大，可以用图 6-4 来简单地表示。

而决策类型的不确定性与决策风险关系如图 6-5 所示。

不确定性越大，风险越大；决策类型的不确定性越大，其决策风险也就越大。所以，对于不同类型的决策，其决策程序和决策方法也应有所区别，对于

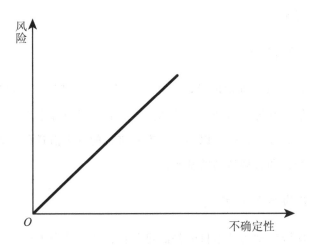

图 6-4　风险与不确定性关系

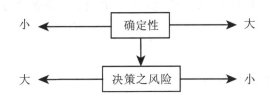

图 6-5　决策风险与决策类型的确定性关系

确定性决策，其决策程序与流程就可以简单明了，讲究效率；而对于不确定性强的决策，就需要有科学、详细的决策流程，有严谨的决策组织机构，有一定的专业知识的团队在遵循科学流程的基础上完成。筹资、投资决策与日常的经营决策需根据具体情况、实事求是地进行决策，并没有放之四海皆为准的流程。

6.2　筹资风险、筹资流程与风险评价技术研究

6.2.1　筹资的概念及其目的与意义

企业是从事商品与劳务的生产与经营，以盈利为目的经济实体，在其生产经营过程中，必然在其内部或与外界的其他经济主体存在着大量的经济联系，其表现则为资金、物资及信息的流动，资金流是其中最具本质的，资金是其生

存和发展的前提条件。

（1）融资的概念

融资（Financing）确切地说，是指在现代经济制度下，各经济部门和单位之间的资金借贷和筹集活动。而公司融资，我们可以界定为在市场经济的条件下，企业为了其经营目的，以不同的方式进行的资金借贷和筹集活动，它是企业进行其他经营和管理活动的基础。

（2）融资的目的和意义

企业从事融资活动的基本目的是满足其正常的经营和生产需要。其融资的目的不外乎以下几种：一是满足日常生产经营的需要；二是满足调整资本结构的需要；三扩张和兼并的需要。除此之外，新设立的企业发起筹资及募集筹资也是为了融资。

6.2.2　筹资的种类与方式

（1）直接融资与间接融资

直接融资是指资金的盈余方和资金的短缺方直接进行的资金借贷行为，也就是没有中介机构的介入。其特点是自主性强、直接简便、融资分散、信誉程度差异大，如发行股票、发行债券筹资。间接融资即通过金融中介机构如各种性质的银行在资金短缺与资金盈余者间进行资金的融通，其特点是手续严密、融资集中、自主性差、信誉程度差异小。

（2）债务融资与股权融资

债务融资是指公司通过银行和非银行的金融机构，以借款，发行债券、商业信用和租赁等方式融资，其特点是债务索取权人对公司的经营状况不负责任，可依借款协议按期获得本金和相应的利息，无权参与公司的经营与决策，在一定的条件下，公司的股东可以获取财务杠杆带来的收益，因为根据我国的财务制度规定，借款利率不高于银行贷款利率的利息支出可以列为费用，在税前扣除；股权融资是公司采取发行股票的方式进行筹资，其特点是股权所有者（即股东）分享公司的管理权，有权对公司的决策和发展战略进行不同程度的参与，股东的获利并非固定，要视公司的经营情况而定，公司一旦破产，则股东承担有限责任。从财务的角度讲，公司可以扩大资本金且拥有完整、独立的财产权。

（3）内部融资和外部融资

内部融资和外部融资是从融资来源的角度划分的。内部融资即在公司内进行融资，主要有留存收益、内部集资、公司员工购买公司股份等。外部融资即从公司外部融资，如果把公司作为一个系统，就是从这个系统外的环境中融资，比如前面指的向社会发行股票、向银行和其他金融机构贷款，都是外部融资。总的来讲，内部融资成本较低，具有较大的便利性，同时可以增强公司的偿债能力，提高公司的形象；当然，从另一个方面，也可能由于股利支付较少，对股票的价格产生不利影响。而外部融资则完全取决于区域金融市场的发育程度、经济发展水平、信用水平和人们对公司发展前景的预期。

（4）政策性融资和商业性融资

政策性融资即由政策性银行或政府机构办理的政府对公司的资金支助，政策性贷款又称为"软贷款"，在我国主要由国家开发银行、中国进出口银行、农业发展银行承担，其特点是成本低，资金到位及时，融资费用低。商业性融资指以利润最大化为目标，依据资产的流动性、安全性和营利性原则所进行的融资行为，如商业贷款、商业信用、发行有价证券及租赁等，又称为"硬贷款"，具体方式如下。

第一，留存收益。在融资实务中，留存收益需要特别注意，它是企业融资最常用的方式。所谓留存收益是指企业从历年实现的利润中提取或形成的留存于其内部的积累，它来源于企业经营活动实现的利润，利用留存收益融资具有这样几个优势：一是不发生筹资费用，可以节约大量的筹资成本；二是迅速便捷；三是其属于股权融资，可以用于改善企业的资本结构，提高企业的信用价值；四是由于股东少得现金股利，可以少缴个人所得税。当然，在利用留存收益进行公司融资时，也要注意其缺点：即保留盈余过多，股利支付过少，可能会打击股票交易市场中股票购买者的积极性，因为这种融资行为可能使股价跌落。

第二，发行股票。发行股票是直接融资的一种形式。在我国，目前股票种类按照股东权利和义务的不同，可以分为普通股和优先股。普通股是公司股票的主体，普通股的持有人享有每股平等的权利，并承担相应的义务；优先股是介于普通股和债券之间的一种混合证券，优先股的股东可以优先于普通股参与分红，获得固定的股利，在破产和清算时，也优先于普通股获得剩余资产的权利。按照是否记名划分，股票分为记名股票和不记名股票。记名股票载明股东的名字或名称，并且在股份公司的股东名册上也要注明股票持有人的姓名或名称，在转让时必须过户，并同时变更股票票面的记名和公司股东名册的记录；不记名股票不记载股东的姓名或名称，当然转让时也不须过户。按照股票是否有面值，可分为有面值股票和无面值股票。有面值股票在票面上标有一定的金额，持有人以股票金额在总额中的比例享有权利及承担义务；而无面值股票不标明面值，只标明其占总股本的比例或股份数，在我国不存在无面值股票。按投资主体，可分为国有股、法人股、公众股和外资股。国有股由国家股和国有法人股构成。国家股是指有权代表国家投资的机构或部门向股份公司投资形成的或以法定程序取得的股份，如国有企业一部分资产改建为股份公司，其净资产形成的股份；国有法人股是指具有法人资格的国有企事业单位及其他单位以其依法占有的法人资产向独立于自己的股份公司出资形成的或依法取得的股份；法人股是企业法人或具有法人资格的其他社会团体或事业单位以其可支配的资产向股份有限公司非上市流通股权部分投资形成的股份，法人股有国有法人股和非国有法人股两类；所谓公众股即社会公众或股份公司内的职工以合法财产投入公司形成的股份，分为公司职工股和社会公众股；外资股是指境外人士持有的以外币计价的股份，在我国有两种形式，即境内上市的外资股（B股）和境外上市的外资股（H股、N股）。

第三，发行债券。发行债券同样是一种重要的融资方式，债券是公司为融资而向投资者发行的，承诺按一定的利率支付利息并按约定的条件偿还本金的债权凭证。1987年和1993年，国务院分别颁布了《企业债券管理暂行条例》与《企业债券管理条例》，规范了我国的债券发行，要求企业发行债券需进行审批，所筹资金必须按规定的用途使用，且须以公开的方式由证券商承销。我国的公司债券按照是否记名划分为记名债券（Registered Bonds）和无记名债券（Bearer Bonds）。记名债券只对记名人付息，以背书的方式转让，并向发行公司呈报；无记名债券实行减息付息，往往附有息票，所以又称息票债券。按能否转换为公司股票，分为可转换债券和不可转换债券。顾名思义，可转换债券即可以转换为公司股票的债券；反之，称为不可转换债券。可转换债券的利率一般低于不可转换债券。根据我国《公司法》规定，只有股份有限公司中的上市公司方可发行可转换债券；债券按照有无特定的担保，则可分为无担保债券（Unsecured Bonds）和担保债券（Secured Bonds），无担保债券包括信用债券和次级信用债券；信用债券不需以任何资产作为抵押，债权人完全根据公司的经营状况确定其利益受保障的程度，在公司破产时，信用债券持有人自动成为一般债权人；由于有反抵押条款的存在，无担保债券持有人的利益也能得到相应的保护。无担保债券的发行需要公司有较好的信誉和业绩，所以，只有实力雄厚、信誉良好的大公司才能发行，由于无担保，其利率也高于一般的债券。次级信用债券在公司破产或清算时，其债权排列于信用债券和银行贷款之后，但在优先股之前，当然，其利率也高于信用债券。从我国的实际情况看，目前存在的债券按发行主体划分，有重点企业债券、地方企业债券、企业短期融资债券、地方投资公司债券和住宅建设债券五种。

第四，银行贷款。银行贷款具有融资速度快、借用款比较灵活且不涉及公司资产所有权转移等优势，但随着金融体制的改革，各银行对其贷款的安全性及风险管理大大加强，因此，银行贷款必然要求公司的信誉好、贷款所用项目现金流稳定且具有较高的回报率。银行贷款按有无抵押或担保，可分为信用贷款、抵押贷款、质押贷款和担保贷款。

第五，信托融资。信托融资分为贸易信托和金融信托，其含义是指为了一定的目的，由一方委托另一方管理和处理自己的财产和资金的行为，是以信任为基础的委托行为。贸易信托是指经营商业性质的委托代理业务；金融信托则是非银行金融机构经办的，以代理他人运用资金、筹集资金、买卖有价证券、管理财产等为主要内容的信托业务。可作为公司融资的主要是金融信托中的信托贷款、信托投资、委托贷款和委托投资。下面我们作简单介绍。

第六，租赁融资。租赁融资是公司融资中常用的一种融资方法，即财产所有人将其财产定期出租给需要这种财产的人使用，并由承租人向出租人支付一定的租金作为报酬。按其性质，分为经营租赁、融资租赁和服务租赁。经营租赁是指出租人不但向承租人提供租赁的设备和设施，而且要提供相应的维修、保养服务的短期性租赁，赁期满，设备和设施归还出租方；融资租赁是指公司需要某些设备或设施而又缺乏资金时，由出租人代其购入设备或设施，然后租给承租公司，与其他租赁方式不同之处在于其涉及出租人、承租人与供货人，所以是一个三方交易行为，而一般的租赁业务只涉及出租方与承租方；承租人具有设备的选择权，而在传统的租赁业务中，承租方是没有设备的选择权的；从期限及设备的处置角度看，融资租赁的期限较长且设备最后一般要由承租方折价购买，而一般租赁行为的期限是相对短的，且设备一般要还归出租方。租赁融资还可以从出资比例的角度，分为单一投资租赁与杠杆租赁；从资金来源和付款对象的角度分为直接租赁、回租租赁及转租租赁。

第七，投资基金融资。投资基金是指发行基金的单位通过发行基金集中投资者的资金，由基金托管人管理和运用资金，并将投资收益按投资比例进行分配的一种组织形式。它分为契约型基金和公司型基金，契约型基金是指将投资者、管理人和托管人作为基金的当事人，通过签订契约的形式发行受益凭证而设立的一种基金，基金管理人负责基金的运作，托管人负责基金资产的保管和处置，并对基金运作行为进行监督，契约型基金没有章程，也不设董事会；而所谓的公司型基金则是以公司的组织形式建立的，以发行股份来募集资金，当然，投资者认购的基金即为公司的股份，并以其持有的股份享有投资的分红及其他收益。从基金单位是否固定的角度，基金还可分为封闭式基金和开放式基金。封闭式基金在设立基金时即限定了基金单位的发行总额，筹集到这一数额时，则宣布成立并进行封闭，不再接受新的投资，基金单位的流通采取上市交易的办法；开放式基金与其恰恰相反，它的基金单位是不固定的，可视投资者的需要追加，流通则由投资者直接与基金管理者或中介机构进行买卖，不上市交易。各类基金从基金管理者的角度讲必须以盈利作为根本目的，才能促进基金的发展，同时由于其集聚了社会上大量的闲散资金，所以成为公司融资的一种主要渠道。

第八，风险资本。风险资本在国外的运用非常广泛，在我国也初见端倪，它对于一国一个区域的产业调整和经济发展具有重要的作用，对于新兴产业尤其重要。联合国经济合作和发展组织（OECD）24 个工业发达国家在 1983 年召开的第二次投资方式研讨会上认为，凡是以高科技与知识为基础，生产与经营技术密集的创新产品或服务的投资，都可视为风险投资。相应的资本则称为风险资本。风险融资实际上从属于股权融资，作为一种商业性的投融资工具，其主要是对未上市的公司作长期股权投资，从而对其提供资本支持；作为回报，投资者拥有公司一定份额的股权。美国风险投资的先驱人物乔治·端尔特对风险投资从三个方面作了描述：其一，风险资本往往投资于非流动性证券的股本投资；其二，风险投资比常规投资有更大的风险性，同时也伴随着高收益；其三，风险投资者希望参与风险企业（被投资企业）的管理工作，并对风险企业的成功有所贡献。风险投资最经典的一个例子就是美国著名的苹果电脑公司所创造的"硅谷奇迹"。风险投资具有以下四个特点：第一个特点是高风险、高收益性；第二个特点是风险投资大都投向高技术领域；第三个特点是风险投资具有很强的"参与性"；第四个特点是风险资本的循环性。风险投资是以"投入—回收—再投入"的资金运行方式为特征的，而不是以时断时续的间断方式进行投资。风险投资者在风险企业的创业阶段投入资金，一旦创业成功，他们即在风险市场上转让股权或抛售股票，收回资金并获得高额利润，然后投入新的风险项目中。

除上述常用的几种传统的融资方式外，由于金融创新，目前出现了资产证券化、出售特许权融资、票据融资等新的融资方式。需要注意的是，这里的票据融资不同于传统的票据融资，传统的票据融资是指商业票据的贴现行为只能获取短期的资金使用权，而金融创新的发展，使得票据融资已成为一种长期融资的方式，即拟发行商业票据的公司先在某家银行开出信用证来为发行商业票据作担保，然后通过借新债还旧债的方式来获取长期资金。由于它和传统的票据贴现有所区别且可以为公司获取长期资金，所以也是公司融资实务中需要加以关注的一种融资方式。

此外，通过获取外国政府及国际金融组织的贷款、国外商业银行和其他金融机构的贷款、出口信贷、发行国外债券及三来一补、合资合作经营等方式来利用外资也是一个重要公司融资渠道。

6.2.3 筹资的风险评价

筹资风险的种类有信用风险、市场风险、金融风险、道德风险及政治风险。信用风险是由于对方未能履行约定造成的经济损失风险；市场风险是由市场波动造成的风险，从筹资角度讲指利率波动、通货膨胀因素造成的风险；金融风险是指金融因素导致的风险，即在筹融资及经营活动中由于利率波动、外汇波动、资金供给因素可能给企业造成经济损失的风险。道德风险是由于对方违背道德规范做出的不利于筹资方的行为所造成的风险；政治风险是政治波动导致的筹资风险。而所有上述风险的表现是企业因借入资金而产生的丧失偿债能力的可能性和企业利润（股东收益）的可变性。即不能到期偿债的风险和债务成本较高导致的股东收益或企业经营成果降低的风险。具体表现为现金性筹资风险和收支性筹资风险。现金性筹资风险指由于现金短缺、现金流入的期间结构与债务的期间结构不相匹配而形成的一种支付风险，表现为速动比率降低。现金性筹资风险对企业未来的筹资影响并不大。现金性筹资风险产生的根源在于企业理财不当，使现金预算安排不妥或执行不力造成支付危机。收支性筹资风险指企业在收不抵支的情况下出现的到期无力偿还债务本息的风险。收支性筹资风险是一种整体风险，它会对企业债务的偿还产生不利影响。从这一风险产生的原因看，一旦这种风险产生即意味着企业经营的失败，或者正处于资不抵债的破产状态。因此，它不仅是一种理财不当造成的支付风险，更主要是由于企业经营不当造成的净产量总量减少所致。出现收支性筹资风险不仅将使债权人的权益受到威胁，而且将使企业所有者面临更大的风险和压力。因此它又是一种终极风险，其风险的进一步延伸会导致企业破产。

6.3 筹资风险的评价研究

筹资风险最终表现为对经营效果的影响，如果导致经营效果下降，或者经营效果负面波动性增加，那就是风险增加。其具体的计量评价主要从三个方面着手：一是资本结构；二是资金成本；三是财务杠杆。资本结构影响资金成本，但更影响管理的控制权，资金成本则是评价和决定财务杠杆的重要因素，而财务杠杆与筹资风险有极大的关系，筹资风险与筹资效果的优劣是以财务杠杆运用的好坏作为评价依据的。

6.3.1　融资成本的定义及构成

在市场经济条件下，一个公司融资的方式很多，随着金融创新的发展，未来公司融资的方式将更具有多样性，当然公司的融资成本及其风险的大小也是公司融资过程中必须权衡的因素。所谓融资成本，是指公司在筹措资金和使用筹措的资金时所需承担和支付的费用。具体包括两部分，即融资费用和资金的使用费。融资费用是公司在融资过程中发生的各种费用，例如，发行债券及股票的印刷费、发行的手续费、银行贷款的手续费、资信的评估费等，这些费用是在融资过程中一次发生的，故称为融资费用或筹资费用；资金使用费是在资金使用过程中发生的，如向债券持有人或股票持有人支付的利息或股利、银行贷款的利息、租赁融资的租金等。融资过程中，还发生非资金成本，所谓非资金成本就是在融资行为中发生的和所融资金没有直接联系的成本，比如财务拮据成本、代理成本和税务成本。财务拮据成本是因公司出现偿债危机时，发生的额外费用和机会成本，比如当公司发生财务拮据时，管理人员变卖固定资产、为了节省开支而降低产品质量、不考虑公司的信誉而拖延到期债务等，这些行为都会对公司的利益造成损失，这种损失就称为财务拮据成本；代理成本分为股权代理成本和债务代理成本。股权代理成本是指公司负责人持有公司股权的数额的大小对公司的影响，即所谓的委托—代理成本，债务代理成本是随公司债务比例提高，债权人因资产风险增加而要求公司多付的利息；税务成本是指各种融资方式所承担的税务负荷，显然对于公司的利润最大化的目标存在相应的影响。上述三种非资金成本，前两种是不容易计量的，但无疑，它们都对公司的融资决策具有不容忽视的影响，也是公司融资理论及实践中不得不考虑的问题。

6.3.2 融资成本的计量

融资成本可以绝对数来计量，其计量公式为：

$$K = D + F \tag{6-1}$$

公式中：K——融资成本；D——资金使用费；F——融资费用。

但在实务中，为了便于对不同融资方式进行比较，融资成本一般用相对数表示，即以资金使用费用与融资净额的比率来表示，计算公式如下：

$$K = \frac{D}{P - F} \tag{6-2}$$

或

$$K = \frac{D}{P(1 - f)} \tag{6-3}$$

公式中：P——融资总额；f——融资费用率。

融资费用作为融资总额的扣减项是因为融资费用在融资时是一次性的耗费，并不在资金使用期内持续付现，同时融资后公司可用的是净值而非全部，根据会计上的配比原则，净值可与费用相配比；从出资方角度讲，融资费用并不归其所有，亦不宜作为其收益。

(1) 个别融资成本的计量

公司的长期资本由三部分组成：权益资本和债务资本，权益资本包括普通权、优先股、留存收益等，债务资本包括长期借款、各种债券，其融资成本的计算分别如下所述。

第一，长期借款的融资成本的计算。

根据我国的税法规定，长期借款和债券融资其利息中不高于银行利率的部分可以作为费用计入损益，在税前抵扣。为了简化计算，我们假设其利率为银行的同期利率，则长期借款的融资成本的计算公式如下：

$$K = \frac{I(1 - t)}{P(1 - f)} \tag{6-4}$$

公式中：I——每年的应付利息；t——企业所得税率，一般为 33%；P——融资总额；f——融资费用率。

有时，银行对借款企业附加补偿性余额条件，在融资成本的计算中，公司要扣除这一部分，其融资成本可用实际利率来表示，计算公式如下：

$$K_e = \frac{i_c - r_v i_v}{1 - r}(1 - t) \qquad (6\text{-}5)$$

公式中：K_e——借款的实际年利率或融资成本；i_c——借款的名义利率；i_v——存款利率；r_v——补偿性存款全部贷款的比例。

第二，长期债券的估价与融资成本的计算。

公司运用债券进行融资，必须按照规定的条件，在一定的时期内每年支付定额利息，到期偿还本金。公司发行债券时，首先要估计债券的发行价格，决定债券价格的要素一般来讲有四个，即债券面值、票面利率、市场利率和债券的期限。公司债券的发行价格有三种：等价、溢价和折价。等价发行即以票面金额发行，溢价发行即发行价格高于票面金额，折价发行即发行价格低于票面金额。在我国目前情况下，不允许折价发行。债券发行价格的计算可以按如下公式进行：

$$P_b = \frac{P_n}{1 + i} + \sum_{t=1}^{n} \frac{I}{(1 + i)^t} \qquad (6\text{-}6)$$

公式中：P_b——债券的发行价格；P_n——债券的面值；I——每年等额的利息；N——债券发行的期限；i——市场的实际利率。

如果是一次还本付息，则其计算公式为：

$$P_b = \frac{P_n + I}{(1 + i)^n} \qquad (6\text{-}7)$$

公式中：I 表示期末一次支付的利息额，其他含义同前。

债券的融资成本的计量通常用下式计算：

$$K_b = \frac{I_b(1 - t)}{B(1 - f_b)} \qquad (6\text{-}8)$$

公式中：K_b——债券的融资成本；I_b——债券每年的利息；B——债券的筹资额；f_b——债券的筹资费用率。

第三，权益资本成本的计量。

权益资本包括普通股成本、优先股成本、留存利益成本及直接吸收的投资的成本，是公司在资本市场融资的最为主要的方式，各种权益资本来源不同，责权利也不同，故其融资成本的计量也不同。

A. 普通股的融资成本的计量

普通股在计算融资成本时，要对其价值进行计算，普通股的价值由两部分组成，即每年的股利和投资者期望的回报率。假设普通股一旦购入，一般将长期持有，且每年有稳定的股利收入，则其价值计算为：

$$P_s = \frac{I}{i} \qquad (6-9)$$

公式中：P_s——普通股的价值；I——普通股每年的等额股利；i——投资者期望的收益率。

显然，这是一种最为理想的假设前提，由于市场条件、公司的经营情况及分配政策是变化的，所以，普通股的收益实际是不确定的。如何计量普通股的价值，要根据公司的经营情况的发展趋势来判断。所以，计算中就存在股利持续增长法、转让价格法等。在公司股利持续增长的前提下，公司融资成本的计量公式：

$$K_s = \frac{D_1}{P_s(1-f_s)} + g \qquad (6-10)$$

公式中：K_s——融资成本；D_s——第一年支付的股利；P_s——筹资总额；f_s——筹资费用率；g——股利每年的增长率。

B. 优先股融资成本的计量

优先股是在公司融资时，给予投资者某些优先权的股票，公司要用税后利润向优先股股东支付股利，不能抵减所得税。因为在清算时，优先股索偿权排在债券之后，其风险大于债券持有人的风险，所以其融资成本是大于债券的。

计算公式如下：

$$K_p = \frac{D}{P_p(1-f_p)} \qquad (6-11)$$

公式中：K_p——优先股的融资成本；P_p——优先股的筹资额；D——优先股每年的股利；f_p——优先股的筹资费用率。

C. 留存收益的融资成本的计算

留存收益是公司的一种内部融资，无须对外支付费用，似乎并没有什么成本，其实不然，作为股东来讲，不分配公司的税后利润或者延期进行利润分配，必然要求一定的报酬作为补偿，留存收益的融资成本的计算如同普通股一样，因为它们同样是股东对公司的权益资本，同样要分享利润，得到股利。其融资成本的计算公式见公式（6-10）。

（2）不同融资组合的融资成本的计量

在实务中，公司一般不可能只从一个渠道或采取一种方式进行融资，一方面，是资本市场的发展情况使然；另一方面，又是公司寻求合理的或者最优的资本结构、追求融资成本最小化从而实现公司或项目利润最大化的客观要求驱使。不同的融资方式或融资渠道形成了公司不同的资本结构。显然，这里给资本结构或融资结构下个定义，即为公司在一定的时期内，其融资行为所导致的不同方式、不同渠道资金的比例关系。计算不同融资结构的平均资金成本，对于公司融资决策来讲，具有重要的意义。其计算公式如下：

$$K_\omega = \sum_{j=1}^{n} K_j \omega_j \tag{6-12}$$

公式中：K_ω——不同融资组合的融资成本；K_j——第 j 种融资方式的资金成本；ω_j——以第 j 种融资方式所筹资金占融资总额的比例。

在确定资本权重的时候，通常有三种方法：即账面价值法、市场价格法和目标价值法。账面价值法即以账面价值来计算各类资金的比重，这种方式简单实用，数据资料全面好搜集，但忽视了资金的市场价值和公司经营的实际有所差异，所以用来进行融资决策，有失偏颇；市场价值法即以各类资金市场价值为基础，计算各类融资占融资总额的比重，尽管其结论符合市场的实际情况，但由于计算复杂，且受资本市场价格波动的影响，所以也存在一定的局限性；目标价值是指公司融资时事先确定的目标资本结构，其反映了公司的经营水平和经营目标，体现了期望的融资成本水平，可以作为选择实际融资组合的参数。由于账目价值法简单易行，所以在实务中，人们一般采取账面价值法进行融资组合资本成本的计算。

（3）边际融资成本的计量

边际融资成本（Marginal Cost of Capital）是指每增加单位的融资量所增加的融资成本。其计算公式为：

$$MCC = \frac{\partial D}{\partial P} \tag{6-13}$$

公式中：∂D——融资成本的变化量；∂P——融资的变化量。

边际融资成本的计算对于公司融资更有意义，因为个别资本和资本组合的融资成本计算的是过去的或目前正在使用的资本的成本，而对融资实务来讲，除了掌握不同融资方式的资金成本的计算，能够进行比较和选择外，还要知道同样的融资方式，增加融资量可能增加的融资成本，尤其在公司的扩张时期，这一课题的研究就更显得重要。边际成本可以按以下步骤进行。

一是确定目标资本的结构。

二是确定各种融资方式的资金成本。

三是计算融资总额分界点。计算公式为。

$$BP_j = \frac{TF_j}{\omega_j} \tag{6-14}$$

公式中：BP_j——融资总额的分界点；TF_j——第 j 种资本之资金成本分界点；ω_j——第 j 种资本在目标资本结构中的比例。

四是计算不同融资范围内的资本成本，公式为。

$$MCC = \sum_{j=1}^{n} \omega_j D_j \tag{6-15}$$

公式中：D_j——某一融资范围内第 j 种资金的融资成本；ω_j——某一融资范围内第 j 种资本在目标资本结构中的比例。

6.3.3 筹资决策与风险评价

筹资决策的依据分两种情况，一是比较筹资利率（资本成本）与企业的资本收益率，二是比较边际融资成本与企业的边际资本收益。在进行一般性的筹资时，我们比较筹资利率（资本成本）与企业的资本收益率的大小，如果前者小于后者，显然，可以有效利用财务杠杆，为股东获取更多的收益，有利于净资产收益率的提高，所以，筹资是有利的，风险较小，当然，最后参照当前的市场平均资金成本，筹资的资金成本以不大于市场平均成本为好，所以，为减小风险，应进行多方面、多层面的比较；反之，我们认为筹资是有风险的，因为侵蚀了股权资本的收益，降低了净资产的收益率，但在一定条件下，也不能完全否决这种筹资，因为企业面对的经营形势是比较复杂的，在银根紧缩和企业急需资金的情况下，也会不得已而为之。边际融资成本是进行增量筹资时的比较指标，其比较对象是资本的边际收益，前者小于后者，说明筹资会给企业带来增量的收益，有利于净资产收益最大化，所以，风险是比较小的，反之，企业不应进行筹资。

筹资的方式可以通过计量研究来确定，从一定程度上讲，是一个确定性的决策，故而其流程很简单，筹资决策流程如图 6-6 所示。

6.4　投资风险的评价研究

6.4.1　投资的定义

简单地讲，凡能改变企业现金流量的项目，均可视为投资。投资指的是用某种有价值的资产，包括资金、人力、知识产权等投入某个企业、项目或经济活动，以获取经济回报的商业行为或过程。可分为实物投资、资本投资和证券投资。相较于投机而言，投资的时间段更长一些，更趋向于为了在未来一定时间段内获得某种比较持续稳定的现金流收益，是未来收益的累积。

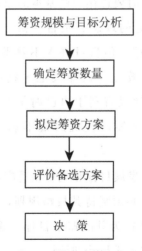

图 6-6　筹资决策流程

改变现金流的项目并不意味着一定是增加现金流，投资的目的固然是赚钱，增加收益，但并不意味着投资一定会增加企业的经营成果，所以投资是有不确定性的。这种未来投资收益的不确定性就是投资风险，即在投资中可能会遭受收益损失甚至本金损失的风险。客观上讲，任何投资项目均存在不同程度的风险，也就是说，风险是无时不在、无处不在的，但除客观因素如市场变化、政治因素、自然因素等导致的风险外，许多投资风险是因为对投资项目的分析不详细，对市场的预测不准确，对技术的发展不了解，对投资成本及项目建成后的成本费用和效益测算不准确及决策流程的简单、非理性导致的。所以，科学的投资决策流程可以在一定程度上规避投资风险。

6.4.2　投资的基本原则

投资是宏观经济、中观经济与微观经济都非常重视的研究领域，经济学上常把投资、消费、出口比喻为拉动 GDP 增长的"三驾马车"，这是对经济增长原理最生动形象的表述，也体现了投资的重要意义。一国经济要实现增长，没有投资不行；一个行业保持持续的增长态势，不投资不行；一个企业，若不能进行持续的投资，则不可能保证竞争优势，也不能做强作大。但如果投资决策失误，则会给企业造成灾难性的冲击。因投资决策失误导致企业陷入困境的例子比比皆是，所以，在投资时要遵循一些基本的原则。

第一，投资必须与企业的理念、宗旨一致，不要盲目地多元化，多元化固然符合风险分散的原理，但盲目进入不熟悉的经营领域，其风险的增加有时远远大于多元化的效应。正如大卫·斯科兰斯基所言：在任何时候，当你以己之长，在机遇最有利于自己时下赌注，无论输赢，你已经有所收获；但是，当你以己之短，在机遇最不利于自己时下赌注，无论输赢，你已经有所损失。

第二，决策要和企业的发展目标和规划相适应，企业要获取长远的竞争优势，积蓄能量与行业优势，必须坚持其战略规划，以理性的发展战略为指导，以具体的、可行的短期计划作为其战略子目标，通过长期的努力在行业中做强，并适时调整企业的管理模式与治理结构。

第三，投资项目要和国家、地区、行业的发展相结合，和消费者的消费需求相适应。投资的直接目的是满足社会需要，发掘潜在消费需求，开发潜在消费者，满足现实的消费需求，但其提前必须是符合国家的行业发展政策，符合国家的规划与政策，否则逆势而为，必不能成功。

第四，要有科学的决策流程和决策机制。投资决策的关键不在于谁说了算，而在于谁说的对，如何让说得对的人的建议在决策中得到肯定，这就需要有科学的决策机制与决策流程，仅依赖领导者个人的知识、智慧与经验，其风险是不言而喻的[①]。

第五，要注重成本与效益，运用科学的决策方法。决策方法很多，有定量的，也有定性的。定性决策的方法主要包括头脑风暴法、特尔菲法、哥顿法、淘汰法、环比法、归类法。定量决策的方法主要包括风险型决策的决策树法；确定型决策的线性规划、库存论、排队论、网络技术等数学模型法，微分极值法，盈亏平衡分析法；非确定型决策的乐观准则、悲观准则、等概率准则、决策系数准则、遗憾准则等。投资决策是否科学，取决于两个因素，一是决策流程，二是决策方法。

6.4.3　基于风险的投资决策的基本流程

投资决策必须遵从科学的流程，才能有效防范风险。其流程的基本描述如下。

第一，根据董事会制定的投资战略与策略，企业各个部门及控股公司收集项目来源，提出项目投资的建议，并制定项目计划书或初步方案。

第二，各部门和控股公司将项目计划书或初步方案报送总经理批准后正式立项。

第三，企业召集有关部门进行项目的可行性论证，制定投资建议书和可行性研究报告。

第四，将投资建议书和可行性研究报告报送总经理办公会论证。

第五，企业组织专门的投资项目评审机构对项目投资建议书和可行性研究报告进行初步审查，并对项目投资进一步进行调查论证，将投资的调查论证结

[①]　就个别决策而言，即便是缺乏深思熟虑的决策也依然有可能成功，而那些经过再三思考的投资决策却有可能以失败而告终，因为失败的可能性在任何时候都是存在的。但是，随着时间的推移，更成熟的决策必将带来更出色的整体回报，更深刻、更成熟的投资决策注定会造就更出色的整体业绩，而这样的决策往往来自对过程而不是结果的评价。（罗伯特·鲁宾）

论与投资决策建议提交董事会讨论。

第六，董事会对投资项目组织专门机构进行详细审查，审查通过的组织实施，未通过的挂起或再次组织调研与修改。

在投资决策的流程中，其主要流程文件有：《项目计划书或初步方案》《投资建议书》《可行性研究报告》及《评审意见书》，其风险点也主要在于上述流程的文件编制与评审环节。

具体流程如图 6-7 所示。

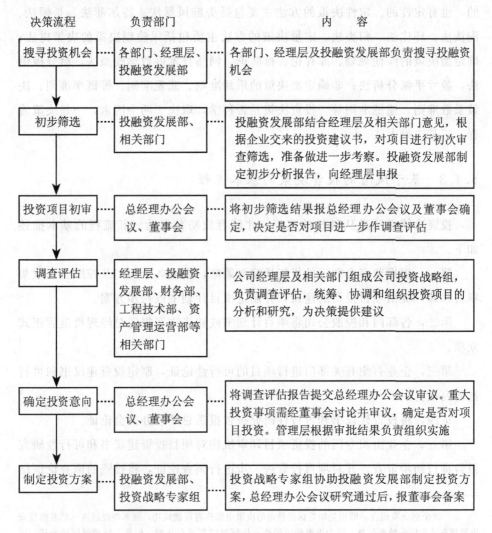

决策流程	负责部门	内　　容
搜寻投资机会	各部门、经理层、投融资发展部	各部门、经理层及投融资发展部负责搜寻投融资机会
初步筛选	投融资发展部、相关部门	投融资发展部结合经理层及相关部门意见，根据企业交来的投资建议书，对项目进行初次审查筛选，准备做进一步考察。投融资发展部制定初步分析报告，向经理层申报
投资项目初审	总经理办公会议、董事会	将初步筛选结果报总经理办公会议及董事会确定，决定是否对项目进一步作调查评估
调查评估	经理层、投融资发展部、财务部、工程技术部、资产管理运营部等相关部门	公司经理层及相关部门组成公司投资战略组，负责调查评估，统筹、协调和组织投资项目的分析和研究，为决策提供建议
确定投资意向	总经理办公会议、董事会	将调查评估报告提交总经理办公会议审议。重大投资事项需经董事会讨论并审议，确定是否对项目投资。管理层根据审批结果负责组织实施
制定投资方案	投融资发展部、投资战略专家组	投资战略专家组协助投融资发展部制定投资方案，总经理办公会议研究通过后，报董事会备案

图 6-7　投资决策的基本流程

在投资方案制定之后，还需要进行资金筹措，项目实施机构组建及项目运行等流程，也存在由于投资方案的制定和实际存在偏差的调整流程，也就是项目的反馈机制。当然，这里我们说的研究项目的投资决策流程，自然只包括投资决策的所有环节，而不包括实施流程。

6.4.4　基于风险的计量投资决策研究

投资项目多数是用计量的方法进行决策，计量方法有一定的假设，其最根本的假设是对项目未来现金流的预测，未来现金流的预测实际包括对市场、价格、利率、需求、经济政治环境等诸多因素的假设，计量分析模型的准确性或者与未来情况的拟合性，主要取决于假设的合理性，也取决于项目实施后的管理水平。从投资风险评价的角度看，投资项目的决策程序包括以下几步：其一，基于财务估计投资项目之年限及初始投资金额；其二，估计投资项目年限中每年之现金流量；其三，估计资金成本；其四，选择适当的风险决策准则与决策方法；其五，最终决策。投资项目的财务风险评价决策方法主要有净现值法则、回收期间法、折现回收期间法、平均会计报酬法及内部报酬率法（IRR）。下面对净现值法则（NPV 法则）、回收期间法及内部报酬率法（IRR）做简单介绍。

（1）净现值法则及其运用

净现值（NPV）是指投资方案所产生的现金净流量以资金成本为贴现率折现之后与原始投资额现值的差额。净现值指标计算包括公式法和列表法两种形式。公式法即根据净现值的定义，直接利用理论计算公式来完成该指标计算的方法；列表法是指通过现金流量表计算净现值指标的方法，即在现金流量表上，根据已知的各年净现金流量，分别乘以各年的复利现值系数，从而计算出各年折现的净现金流量，最后求出项目计算期内折现的净现金流量的代数和，就是所求的净现值指标。除此之外，净现值还会因投资的方式、现金流的特点有一些特殊的计算方法。

其一，当全部投资在建设起点一次投入，建设期为零，投产后 $1 \sim n$ 年每年净现金流量相等时，投产后的净现金流量表现为普通年金形式：

$$NPV = NCF_0 + NCF_{1-n} \times (P_A/A, i, n) \tag{6-16}$$

其二，当全部投资在建设起点一次投入，建设期为零，投产后每年经营净现金流量（不含回收额）相等，但终结点第 n 年有回收额（如残值）：

$$NPV = NCF_0 + NCF_{1(n-1)} \times (P_A/A, i, n-1) + NCF_n \times (P/F, i, n) \quad (6\text{-}17)$$

$$NPV = NCF_0 + NCF_{1-n} \times (P_A/A, i, n) + R_m \times (P/F, i, n) \quad (6\text{-}18)$$

其三，若建设期为 S，全部投资在建设起点一次投入，投产后 $(S+1) \sim n$ 年每年净现金流量相等，则后者具有递延年金的形式：

$$NPV = NCF_0 + NCF_{(s+1) \sim n} \times (P_A/A, i, n-s) \times (P/F, i, s)$$

$$= NCF_0 + NCF_{(s+1) \sim n} \times [(P_A/A, i, n) - (P_A/A, i, s)] \quad (6\text{-}19)$$

其四，若建设期为 S，全部投资在建设期内分次投入，投产后 $(S+1) \sim n$ 年内每年净现金流量相等：

$$NPV = NCF_0 + NCF_1 \times (P/F, i, 1) + \cdots + NCF_s \times (P/F, i, s)$$

$$+ NCF_{(s+1) \sim n} [(P_A/A, i, n) - (P_A/A, i, s)] \quad (6\text{-}20)$$

净现值法的优点有三个，一是考虑了资金时间价值，增强了投资经济性的评价；二考虑了全过程的净现金流量，体现了流动性与收益性的统一；三是考虑了投资风险，风险大则采用高折现率，风险小则采用低折现率。而其缺点表现为：其一，净现值的计算较麻烦，难掌握；其二，净现金流量的测量和折现率较难确定；其三，不能从动态角度直接反映投资项目的实际收益水平；其四，项目投资额不等时，无法准确判断方案的优劣。

在决策风险评价时，风险评价准则如下：

净现值≥0，方案可行，净现值越大，风险越小；；净现值＜0，方案不可行，实施项目存在很大的风险。

（2）投资回收期法

投资回收期法（Payback Period Method）又称"投资返本年限法"。分为静态投资回收期法和动态投资回收期法，是计算项目投产后在正常生产经营条件下的收益额和计提的折旧额、无形资产摊销额用来收回项目总投资所需的时间，与行业基准投资回收期对比来分析项目投资财务效益的一种静态分析法。其基本的选择标准是：在只有一个项目可供选择，该项目的投资回收期要小于决策者规定的最高标准；如果有多个项目可供选择，在项目的投资回收期小于决策者要求的最高标准的前提下，还要从中选择回收期最短的项目。其计算公式如下：

$$\sum_{t=1}^{r}(C_t - C_0) = 0 \qquad (6\text{-}21)$$

公式中 t 为投资回收期，C_t 为 t 时期的现金流入量，C_0 为初始投资额。在投资项目各期现金流量相等的情况下，只要用投资的初始投资额除以一期的现金流量即可。其公式为：

投资回收期＝初始投资额／一期现金流量 　　　　　(6-22)

动态投资回收期是指在考虑货币时间价值的条件下，以投资项目净现金流量的现值抵偿原始投资现值所需要的全部时间，即动态投资回收期是项目从投资开始，到累计折现现金流量等于零时所需的时间。动态投资回收期的表达式为：

$$\sum_{t=0}^{r}(CI - CO)_t(1 + i_c)^{-t} = 0 \qquad (6\text{-}23)$$

公式中：i_c——基准收益率；

　　　　P_t——动态投资回收期。

投资回收期指标的特点是计算简单，易于理解，且在一定程度上考虑了投资的风险状况（投资回收期越长，投资风险越高；反之，投资风险则少），故在很长时间内被投资决策者们广为运用，目前仍然是一个在进行投资决策时需要参考的重要指标。但是，投资回收期指标也存在一些致命的弱点。第一，投资回收期指标将各期现金流量给予同等的权重，没有考虑资金的时间价值。第二，投资回收期指标只考虑了回收期之前的现金流量对投资收益的贡献，没有考虑回收期之后的现金流量对投资收益的贡献。第三，投资回收期指标的标准确定主观性较大。

投资回收期在风险决策中的准则很简单，投资回收期越短，风险越小，而投资项目是否可行，可以以行业标准为决策依据，若投资回收期大于行业标准，可认为项目不可取，存在较大风险。在具体运用中，动态回收期的基准收益率是一个很重要的指标，这个指标的选择直接决定了回收期的大小，所以，对投资项目的评价很重要。

（3）内部报酬率法

内部报酬率法（IRR）是使投资项目的净现值为零的贴现率。也就是说，如果用内部收益率作为资金成本来折现各年的净现金流量，各年的净现金流量的折现值加总起来应该刚好等于初始投资，即二者相减得到的净现值正好等于零。实际上反映了投资项目本身的真实报酬。内部收益率法（Internal Rate of Return，*IRR* 法）又称财务内部收益率法（*FIRR*）、内部报酬率法、内含报酬率，它的基本原理是试图找出一个数值概括出企业投资的特性。内部收益率本身不受资本市场利息率的影响，完全取决于企业的现金流量，反映了企业内部所固有的特性。

内部收益率法的计算步骤如下。

首先，在计算净现值的基础上，如果净现值是正值，就要采用这个净现值计算中更高的折现率来测算，直到测算的净现值正值近于零。

其次，继续提高折现率，直到测算出一个净现值为负值。如果负值过大，就降低折现率后再测算到接近于零的负值。

最后，根据接近于零的相邻正负两个净现值的折现率，用线性插值法求得内部收益率，其计算公式具体如下：

其一，计算年金现值系数 $(p/A，FIRR，n)＝K/R$；

其二，查年金现值系数表，找到与上述年金现值系数相邻的两个系数 $(p/A，i_1，n)$ 和 $(p/A，i_2，n)$ 以及对应的 i_1、i_2，满足 $(p/A，i_l，n)＜K/R＞(p/A，i2，n)$；

其三，用插值法计算 *FIRR*：

$$(FIRR-I)/(i_1-i_2)=[K/R-(p/A,i_1,n)]/[(p/A,i_2,n)-(p/A,i_l,n)]$$

(6-24)

内部报酬率法在项目风险决策中的运用准则如下：

运用内部报酬率法进行投资决策时，其决策准则是：*IRR* 大于企业所要求的最低投资报酬率或资本成本，方案可行，*IRR* 越大，投资项目风险越小；*IRR* 小于公司所要求的最低投资报酬率，方案不可行，*IRR* 越小，投资项目风险越大；如果是多个互斥方案的比较选择，内部报酬率越高，投资效益越好，风险越小。

内部报酬率法的优点是考虑了投资方案的真实报酬率水平和资金时间价值，把项目寿命期内的收益与其投资总额联系起来，指出这个项目的收益率，便于将它同行业基准投资收益率对比；尤其在使用借款进行建设，在借款条件

（主要是利率）还不很明确时，内部收益率法可以避开借款条件，先求得内部收益率，作为可以接受借款利率的高限。但内部收益率表现的是比率，不是绝对值，一个内部收益率较低的方案，可能由于其规模较大而有较大的净现值，因而更值得建设。所以在对比各个方案时，必须将内部收益率与净现值结合起来考虑。

第7章 基于流程视角的部门性财务风险研究

　　广义的财务风险从形成的原因可以划分为政治风险、法律风险、利率风险、市场竞争风险、经营风险。这种区分似乎造成了概念的混淆，其实不然。我们是从财务风险的根源来区分的，政治、法律、市场竞争都可能对企业的经营形成影响，最后导致财务风险，而利率的变动本身就会影响筹融资与投资，显然就是财务风险的动因。我们说经营风险的度量就是指某种因素对经营成果的影响。显然，经营行为会导致经营风险，同时也会导致财务风险，如经营不善，就会导致筹资困难，速动比率下降，支付即期贷款出现困难等。所以需要说明的是，因研究对象不同，对风险的划分也是不同的。因此，根据企业中不同层次、不同部门面临的风险表现和种类可能存在显著的差别，可分为战略性财务风险。总体性财务风险和部门性财务风险。由于投资因素导致的风险，可称为战略性财务风险；而由于政治、法律、利率、市场竞争、经营行为等因素导致的风险，可称为总体性财务风险，如筹融资风险、投资风险。还有一种我们不得不重视的财务风险，那就是部门性财务风险。部门性财务风险主要指由财务部门本身的流程与制度不健全导致的风险。当然，其他部门的流程与制度的缺失也可能导致财务风险。但本书重点研究财务之部门性风险。财务流程关系到财务管理工作的各个环节，由于不同企业财务管理环节的业务特点具有差异，故其形成的财务流程也有所不同。其财务流程主要有财务预算流程、费用报销管理流程、应收账款流程、财务报表管理、会计审计流程、税务管理等。这些流程都会给企业带来财务风险。

7.1 关于货币资金业务风险的流程管理

会计工作是财务部门的主要工作，其两大职责就是核算与监督，而其工作流程不外乎以下六步：第一，根据原始凭证或原始凭证汇总表填制记账凭证；第二，根据收付记账凭证登记现金日记账和银行存款日记账；第三，根据记账凭证登记明细分类账；第四，根据记账凭证汇总、编制科目汇总表；第五，根据科目汇总表登记总账；第六，根据总账和明细分类账编制资产负债表和利润表。其中，货币资金业务是会计工作的重要组成部分，倘不注重其流程管理，就会产生财务风险，造成资产损失。

货币资金业务是指现金、银行存款和其他货币资金的收支业务。它具有业务数量大、发生范围广的特点。货币资金收支业务的内部控制，是整个内部控制制度设计的关键。在货币资金业务管理中，不乏财务违法的行为，主要表现为出纳人员贪污企业资金、截留收入、挪用资金等行为，给企业造成了很大的财务风险与财务损失[①]。出纳出现贪污、挪用公款的行为屡见不鲜，人们总是认为发生原因是当事人主观思想问题。管理理论讲人性时，有三种理论，X 理论、Y 理论、Z 理论。中国古代的孟子说人性善良，孟子认为人的本性是善的，人生来就具有善的本质[②]。荀子讲人性恶，荀子说："人之性恶，其善者伪也。"其实，本质上并不是人的问题，而是会计管理技术的问题。正是由于在财务控制环节上存在漏洞，内部牵制不力，最终给人提供了可乘之机。违规行为有三个要素：一是压力，二是机会，三是借口。人都是有欲望的，这就是压力，但人毕竟是理性的，理性的人为什么会犯错误？关键还在于制度与流程问题，流程缺陷给予了其机会，加之有这样那样的借口。所以，违规与违法行为的产生，只有制度与流程才能解决好这一问题，而并不是所谓的"疑人不用，用人不疑"的信任。在货币资金管理环节，从流程上应该做如下控制。

---

① 如某国有银行因为查库流于形式，轮岗制度执行得不到位以及员工的责任心匮乏等原因，导致现金柜员有漏洞可钻，窃取资金 220 万元。其原因就是制度和流程流于形式，而导致的财务风险。

② "人皆有不忍人之心……由是观之，无恻隐之心，非人也；无羞恶之心，非人也；无辞让之心，非人也；无是非之心，非人也。恻隐之心，仁之端也；羞恶之心，义之端也；辞让之心，礼之端也；是非之心，智之端也。人之有四端也，犹其有四体也。"（《公孙丑上》）

7.1.1　关于货币资金流程控制的一般性规定

第一，根据不相容职务分离原则，实行钱账分管，出纳员不得负责总账的记录和银行对账单的调整。比如，收据要由会计或非出纳岗位的财务人员来开具，并交与会计，不得由出纳来开具。

第二，各种收付款业务均应集中于出纳员办理。任何部门和个人不得擅自出具收款凭证或付款凭证，一切收付款必须凭证齐全，收付业务完成后必须加盖收讫和（或）付讫（讫）的印章。所有与现金或银行存款收付业务有关的人员在业务处理后都必须在相关文件上签字，以备追溯责任。

第三，现金收入和支出必须立即记账，做到日清月结，应定期或不定期检查现金记账情况并进行账务核对，应由专人检查出纳日报，进行库存现金的盘点，库存现金除日常周转所需外都应每日解交银行，库存现金必须存放保险柜内。

第四，银行存款收付业务必须定期与对账单核对（至少每月一次），并由出纳员以外的人员编制或审核银行调节表。

第五，发票与收据必须按编号顺序使用，领用空白发票（银行票据）和收据必须进行登记，支票签发必须由出纳员和财务负责人（主管会计）两个以上负责并签字，并应设置支票签发登记簿进行记录，空白支票不得签名盖章。

第六，所有付款业务只有经过财务部门主管审核、法人或授要人批准后方可支。

7.1.2　关于货币资金收入业务的流程控制

通过银行收入货币资金，不直接经由出纳，受到了银行的直接监督，起到了外部控制的作用，客观上能够有效地减少和堵塞货币资金收入业务中的漏洞，所以，产生财务风险的概率较小，而直接收入较多，则是产生财务风险的主要途径，因此，货币资金收入业务的流程控制制度设计，主要针对现金收入业务。

销售业务一般不会收取现金，是通过银行转账来支付货款的，尤其现在微银时代、互联网时代，刷银行卡等支付方式方兴未艾，但有时也有以现金支付的，销售业务是现金业务的主体，是围绕推销（销售）产品、商品或劳务等所发生的经济业务。销售业务包括产品销售业务和其他销售业务。一般要经过以下环节：签订销售合同、填写发货单通知仓库发货、办理发货和办理货款结算。销售货物时，要采用填制"销货单"的方式。它是"原始凭证控制方式"在现金收入业务中的具体应用。要求在产品销售或顾客购货时，由销售部门开具销货单（产品销货单），注明所销物品的名称、规格、数量、单价、金额等内容。顾客持销货单向财会部门交付现金，出纳要检查收据开具的金额正确、大小写一致、有经手人签名，收款后在收据（发票）上签字并加盖财务结算章[①]，顾客持出纳员盖"收讫"章后的销货单向保管员提货。出纳凭记账联登记现金流水账，同时登记票据传递登记本，将记账联连同票据登记本传相应成本会计签收制证并按科目入账。收现的流程如下。

根据会计岗开具的收据（销售会计开具的发票）收款→检查收据开具的金额正确、大小写一致、有经手人签名→在收据（发票）上签字并加盖财务结算章→将收据第②联（或发票联）给交款人→凭记账联登记现金流水账→登记票据传递登记本→将记账联连同票据登记本传相应岗位签收制证。

以银行收款为例，其流程为：

整理销售会计传来支票、汇票→核查和补填进账单→将第一联与回执粘贴在一起→在电脑中编制回款登记表→将回款登记表连同回款单传销售会计。

在流程控制上应有以下要求：

第一，销售合同、发票和发货单，必须经审核批准方能生效。

第二，发票和发货单应顺序编号，如有缺号须经批准方可注销。

第三，要按规定价格销售，未经授权不得改变售价。

第四，收款时必须对品名、数量、单价、金额进行审核，有销售合同的必须与合同核对。

第五，开单、发货、收款必须分工负责。

另外，在办理回收各种应收及暂付款项的业务时，应尽可能通过开户银

---

① 原则上只有收到现金才能开具收据，在收到银行存款或下账时需开具收据的，核实收据上已写有"账"字样，后加盖"转账"图章和财务结算章，并登记票据传递登记本后传给相应主管会计。随工资发放时代收代扣的款项，由记账会计开具收据，可以没有交款人签字。

行。如果采用收取现金的方式，必须由出纳员开具事先印有连续编号的"现金收据"，采用复写方式，一式三张。在加盖财务专用章和出纳章以及交款人签章后，将其中一张给交款人作为交款凭证，一张送交财务部门作为记账依据，一张留作存根。为保证现金收据的规范使用，应重点检查其编号是否连续，如有短缺，应及时查明原因，即使是作废的收据，也应将三张收据加盖"作废"字样后一并送交会计部门检查后归档保管。当然，"现金收据"也可以由记账员开具，然后交给出纳员加盖公章和出纳章，同时收取现金。这种方式下，由于票据、印章两人分管，使开票和收款工作分离，可以进一步强化现金收入业务的内部控制[①]。

7.1.3 关于货币资金支出业务的流程控制

货币资金支出业务分三种，材料或货款支付、费用报销及工资发放、借款的支付，其途径有两条，即通过银行转账支付和由出纳人员直接支付现金，但更复杂，因为支出用途多样、业务内容繁杂、牵涉范围广、涉及人员多，所以，更要加强流程控制，在支出环节产生财务风险的事例也非常多。通过银行支出货币资金时，要求采用银行规定的结算办法，填制银行统一的结算凭证，客观上受到银行的外部控制，很大程度上起到了防错消弊的作用。因此，对这种业务实施内部控制，重点应放在结算凭证的管理上。基本要求是：建立严密完善的结算凭证管理制度，妥善保管各种凭证，尤其是现金支票和转账支票；严把各种凭证的使用关，出纳员开具支票时，财务主管应当审查批准，而不能让其独自办理；对已用和未用凭证应当由非保管人员定期检查；严格限制签发空白支票；随时与开户银行对账，等等。货币资金的支出业务是财务风险的主要环节，其流程如下：

审核各会计岗传来的现金付款凭证金额与原始凭证一致→检查并督促领款人签名→据记账凭证金额付款→在原始凭证上加盖"现金付讫"图章→登记现金流水账→将记账凭证及时传主管岗复核。

在流程上应注意以下几点：

---

① 这里控制的重点是交款人签字和记账员开具收据，记账员开具收据，可以实现票据下印章的分离，钱票分离，可以有效控制风险。

首先，对采购材料、商品等支出现金的业务在付出现金之前，先取得相应的原始凭证，如支付购货款须取得销货单位的发票，支付货物运费须取得运输单位的收费单据，并及时送交财会部门，由财会主管审核批准后，交给出纳员支付现金。

其次，要填制"入库单"，严格验收制度。采购部门购买回的各种材料物品，都应及时送交仓库验收。验收人员应当对照销货单位的发货票和购货订单等，对每一种货物的品名、规格、数量、质量等严格查验，在保证正确、相符的基础上填写"入库单"（或收料单）。"入库单"是证明材料或商品已经验收入库的会计凭证，由仓库验收人员填制，并取得采购人员的签字后，一张登记仓库台账，一张退给采购部门进行业务核算，一张送交财务部门。严格的验收制度，有利于考核采购人员的工作质量，划清采购部门与仓库之间的经济责任，保证入库物资的准确性、安全性。其具体流程如下：

采购人员凭原辅料入库验收单据（含仓库保管员、质检员签字）→填写付款申请单→经部门主管审核签字→送记账会计审核凭证→报主管会计审核→法人或授权人批准→出纳会计付款→客户收款→记现金流水账→订制传票。

强化审查制度，严格审核购货业务的各种凭证。

最后，在记录采购业务、支付货款之前，应对各有关部门送来的各种原始凭证，包括发货票、运费收据、入库单以及订货单等进行认真的审查、核对。不仅审查每一凭证的购货数量、金额计算的正确性，还要检查各种凭证之间是否内容一致、时间统一、责任明确、手续清楚等。在此基础上，编制付款凭证，由出纳员结算支付货款。

对于费用报销应遵循以下流程：

部门主管审核确认原始凭证→编制付款凭证→记账会计审核凭证→查验现金付款凭证金额与原始凭证一致→领款人签名→主管会计审查凭证→出纳员按记账凭证金额付款→在原始凭证上加盖"现金付讫"图章→登记现金流水账→将记账凭证传递主管会计复核，具体如图 7-1 所示。

在第一个节点，财务部门主要职责是审批，其工作内容是对员工上交的报销申请及原始凭证进行核对、审批，通过则提交法人代表或授权人审批。而在第三个节点，责任岗位是出纳，其工作内容是核对员工上交的报销的相关票据是否齐全，填写是否正确，发票是否合规，报销是否符合相关标准、是否符合

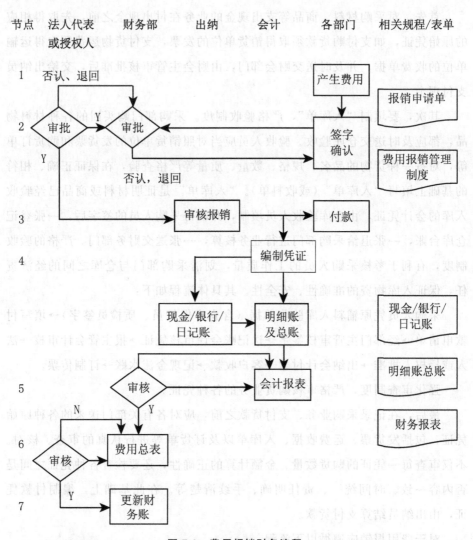

图 7-1 费用报销财务流程

报销审批签字程序等，通过则办理报销业务（依据现金收付凭证收款/付款，报销人签字）以及其他相关手续，需第四个节点，责任岗位也是出纳，工作内容是编制登记现金/银行/日记账。

发放工资也是财务支出的重要工作。在此环节，也经常出现冒领的情况，因此也应加强流程控制，以减小财务风险，要进行职能划分，工资核算应由人力资源管理人员核算，财会部门发放，人力资源管理人员负责审查职工名单和考勤记录、工资标准，生产统计进行产量计件核算，记账会计核算工资、编制工资发放表，出纳会计负责提取现金发放工资并分配工资费用等。

其业务流程如下：

人力资源部门出具员工考勤表、生产统计出具生产工人产量计件核算表→记账会计做上月的工资表→送法人或授权人审批→开具付款审批单（经财务负责人签字）→开具现金支票→出纳会计填写进账单连同工资表送公司开户行→主管会计登记支票使用登记本→将支票存根粘贴到付款审批单上→加盖"转账"图章→登记单据传递登记本→出纳员按科目记账。对于以网银发放的，应由出纳根据工资表在网银上做录入制单工作，由主管人员做审核工作发放工资，出纳取回银行回单连同工资表一并送会计制单。

借款业务相对较简单，其流程控制如下：

填制"借款单"→由所在部门负责人签字→交财务主管审核→出纳员据以支付出现金→会计部门应当根据"借款单"编制付款凭证并登记"其他应收款明细账"。需要注意的是，出纳人员要严格禁止非公务性借款行为，不得以便条作为借款手续，更不能搞口头承诺、君子协定。

7.2　关于预算编制中的流程控制

预算是行为计划的量化，这种量化有助于管理者协调、贯彻计划，是一种重要的管理工具。而预算管理（Budget Management）有助于管理者通过计划具体的行为来确定可行的目标。企业的预算包括营业预算、资本预算、财务预算、筹资预算，它们有机组合构成企业总预算，即全面预算。预算管理有助于优化企业的资源配置，是会计将企业内部的管理灵活运用于预算管理的全过程，有利于促使企业效益最大化，有助于企业目标的实现。预算编制工作主要是由财务部门完成的，由其他部门辅助，预算编制一般采取自上而下，而后自下而上的流程，其目的在于根据企业的实际情况修正企业的决策层目标，实现预算目标的可行性、现实性、明确性。预算如制订得不科学、不合理，不仅会造成企业的经营目标难以实现，同时也会造成很大的财务风险，比如，筹资预算编制和实际情况不符，就会导致企业融资不到位的情况下的支付危机，而资本预算编制如果不合理，可能导致企业的计划资本成本小于实际的资金成本，导致财务杠杆运用不当，利息负担过重等，所以，预算编制一方面要尊重现实，具有一定的预测性、前瞻性；另一方面要遵循科学的流程，否则会导致很大的财务风险。具体编制流程如图 7-2 所示。

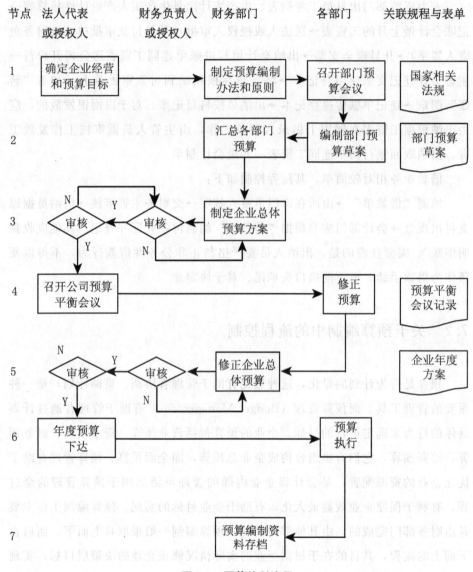

图 7-2 预算编制流程

具体流程节点说明如下：年初，由企业确定企业的经营和预算目标，具体由法人代表、董事会等决定，主要工作是收集相关财务信息，确定新年度企业经营目标和预算目标，并下达给财务部和各部门。而财务部则负责制定预算编制的办法与原则，具体有两个工作，其一，根据国家财务法律法规和行业要求，结合企业实际情况预算编制办法和原则；其二，财务负责人起草年度预算编制通知，明确预算编制的内容、格式、范围、要求、注意事项等。同时，各部门经理负责组织召开部门预算会议，根据所负责的业务，按公司预算编制通知的要求，结合本部门下一年度工作计划与上一年度本部门预算执行情况，编制各部门业务预算草案，并提交财务部。再由财务部门对各部门预算进行汇总，试算平衡，并编制出公司的《年度财务预算汇总表》预计公司总体预算方案，上报上级领导审核。预算应首先由财务负责人审核，主要内容是审查财务预算的编制是否符合企业拟定的年度经营目标和预算目标。若通过则提交企业负责人审核；未通过则提出进一步修订完善的意见，通知由财务部修正调整预算草案。对通过的预算，企业负责人根据企业发展战略和目标，平衡各个部门间的预算，并征得各个部门的认同。最后，下达审核通过的预算方案，通知各部门按预算执行。

7.3　关于采购环节的流程控制

采购环节本身不是财务流程，但财务工作却对采购环节起到了极为重要的作用，同时，也是控制产品成本，加强存货管理，科学采购的重要保证。一般来说，采购管理包括采购计划、采购申请单的下达与执行、到货接收、检验入库、采购结算的全过程，财务部门必须对采购环节进行严密的跟踪、监督，才能减少因采购环节而导致的财产损失风险。同时，财务流程不规范，也是直接产生财务风险的重要因素。采购环节的流程如图 7-3 所示。

从图 7-3，我们可以看到，财务部门在四个环节起着极为重要的作用，一是采购计划的编制环节，二是合同的审核环节，三是办理结算环节，四是付款入账环节。这四个环节都极可能产生财务风险，如采购计划的审核，不仅要审核其必要性，还要从资金规划、预算的角度考虑将来的支出，否则可能会导致财产物资的浪费或支付的困难；在合同的审核环节，主要审查其价格的合理性与合同的合规性，一方面控制成本，另一方面防范法律风险；在结算环节，要审查相关单据，审查采购的物资是否入库并验收合格，是否数量、质量均合标准，是否按合同规定按时到货，是否存在其他违约情况，倘不严加审核，也会导致财务风险；付款入账环节，一是按合同规定和实际验收情况付款，不能多付，形成资产损失的财务风险，也不能不根据合同按时支付，形成违约风险；

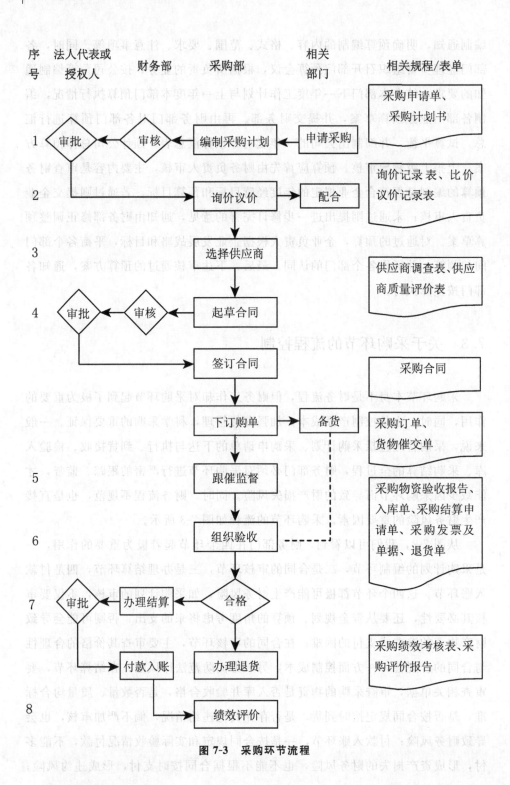

图 7-3 采购环节流程

在入账时，要根据相应的会计科目入账，不能入错账，形成错误的财务信息，影响决策层的财务决策。

在采购环节，财务部门并不是业务的承办主体部门，却在流程的一些节点起到控制风险的作用，如在审核采购计划之节点，财务部门的工作就是审核是否在预算内以及相关信息的准确性；在合同审核节点，其工作是审核采购合同相关条款，这有助于减少财务与法律风险；在办理结算的节点，财务部门的工作是审核采购货物的发票和单据，与合同条款对照，确认无误后办理付款手续，并向供应商索要货物发票和货单；财务付款结算前，必须由法人代表或授权人审批签字，这是完成采购的关键节点；在付款入账节点上，财务部门的工作是审批通过的合同，按合同规定的时间、方式办理付款，并入账，同时更新财务账，这一节点实际上就终结了采购业务，同时完成了财务信息的实时更新。

7.4　应收账款管理流程之控制

应收账款管理是企业必须注意的问题，许多企业销售情况很好，有很好的发展前景，市场也不错。从利润表上看，净利润很可观；从指标看，资产净利率也很高。但就是运营业困难，手头资金很紧张，资金周转特别困难，财务压力很大，原因是什么？就是应收账款管理不善，存在大量的应收账款，形成了数额惊人的呆账、坏账，给企业带来了很大的损失。所以，应收账款管理不好是形成财务风险的重要原因之一，企业必须加强应收账款流程管理，减少或规避应收账款风险。

应收账款的财务管理流程如图 7-4 所示。

应收账款管理的财务风险当然是催收不到导致的资产损失风险，也包含法律程序所导致的财产损失风险，其风险尽管从源头上讲是企业为了市场扩张，提高销售额，提高市场占有率，在甄别客户时没有识别出风险性客户，或在客户关系管理时工作不到位导致的，但在财务上则反映为财产的损失、坏账的形成。在流程上，财务部门加强对应收账款的核算，加强和销售部门的沟通，及时通报应收账款情况，促使销售部门加强催收工作，以减少损失。财务部门工作对应收账款管理的松懈，对合同约定的结算金额、结算方式、收款和开票约

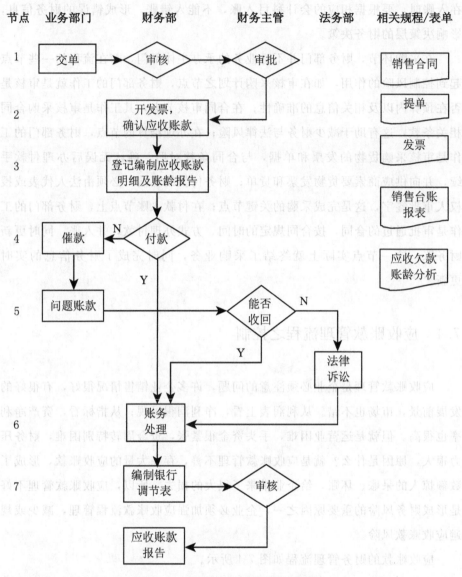

图 7-4 应收账款的财务管理流程

定、违约责任等条款审核之不负责，都是形成财务风险的重要因素。

在应收账款管理流程中，除了销售部门外，财务部门的工作是重心，其在流程的节点中起的作用也比较多，如在审核与审批节点上，财务部门负责审核、查对业务人员提交的销售合同、提单及财务开票信息是否正确、一致。对合同约定的结算金额、结算方式、收款和开票约定、违约责任等条款要认真审核，无异议则送交财务负责人。财务负责人要对财务部提交的报表进行审批，及时做出批示，无异议则通知财务部开发票。在开发票、确认应付账款的节点，财务部门对凭证审核无误的订单开具发票，确认销售收入和应收账款，当然，这项工作主要由会计完成。在登记编制财务报告的节点上，财务部门负责编制应收账款明细报告和账龄报告，为业务部门对应收款项进行可收回性分析提供数据支持。在确认是否按时付款的节点，财务部门负责根据合同规定的日期以及企业回款规定等，检查客户是否在期限内付款、货款是否到账、是否完全到账等，将应回而未回的款项编入应收账款明细表，通知业务部催款，如已付款则进行账务处理。审核确认则由财务负责人负责，主要是对于能够收回的账款，可协助业务人员与客户协商办理延期付款手续或要求客户及时付款，通知财务部进行账务处理；如果不能收回则诉诸法律。账务处理环节，财务部门主要进行两项工作：其一是应收款项在收回款项或货物后，要及时入账核销，冲减应收账款并更新记录；其二是对于确实无法收回的款项，按照规定审批程序批准后作为坏账损失处理。已处理的坏账要建立备查簿逐笔登记，以保留追索权。财务部在第七个节点，要核对银行存款，编制银行存款余额调节表并送财务负责人审核报表数据，严格把关，最后，形成应收账款报告。

7.5 基于流程视角的部门性财务信息安全防范

在大数据与网络环境下，会计信息系统实现了从电算化到网络化的跨越式发展，比之于传统的手工和单机电算化环境网络环境，财务会计信息面临着更大的风险，财务信息安全是造成财务风险的重要因素之一。其风险具体表现为以下几个方面。

一是网络开放之风险。会计信息系统中的多个模块、主体、部门高度开放，内部网与外部网直接对接，实现网上高账、网上审核、网上转账、网上报表处理，会计信息存储、传送更具有开放性，共享更便利，因此，更容易被侵入、修改、窃取，所以，存在较大的风险。

二是传染风险，即病毒扩散风险。单机版，扩散病毒受到限制；但网络环境下，很容易出现病毒扩散传染，形成全局性传染风险，甚至导致整个财务会计系统的崩溃。

三是会计程序风险。在网络环境下，各个业务模块自动化协作进行会计业务处理，中间过程全部由财务模型程序自动处理，在缺少预警和纠错的环节，进行纠错和修改只有懂软件且熟悉财务工作的人员才能完成，所以，不容易发现错误。

四是操作风险。主要表现为人员对模块及软件不了解，不能根据业务的实际情况进行业务处理，出现问题不能及时应对，当然，也表现为对系统维护与使用不当导致数据丢失，甚至盗窃、火患等事件导致的风险。

如何防范因信息泄露导致的财务风险？必须从制度与流程着手。因为信任和对企业的忠诚度在一定条件下会变化的，这种变化，必然会给企业带来财务风险。所以信任不是防范风险的有效措施，而科学的制度与流程才是最有效的手段。防范财务信息泄露，要从以下几个方面着手。

第一，要加强内部控制建设，扩展内部控制责任部门，从流程视角认真梳理财务信息化程序，找出关键控制点，明确各岗位的工作权限和所能接触的数据范围，以此作为制定制度和技术控制的依据。比如，要采用分级管理与分离管理模式，明确信息共享的范围，加强信息数据的控制，对信息数据的修改、传递采用授权管理或两人以上共同管理的原则，避免某个财务人员单独控制、接触财务数据。

第二，要采用软件与硬件认证的方式，数据登录不仅采用多层次的技术认证方式，还要采用硬件认证方式，要运用综合的安全加密技术，通过主动防御，避免信息的泄露。

第三，要运用数据加密传输协议，比如将网络上传输的数据直接采用加密技术协议，形成加密数据，只有财务部门或企业符合要求的数据使用者才能获取，同时，要保证数据的还原过程简洁、高效、自动。

第四，要改进数据存储、保密及应用机制，针对数据存储风险，必须建立一套严格、科学、合理的内部控制制度，提高数据存储要求，建立数据保密制度，同时，要建立科学的数据检索和应用流程与制度。

第五，要注意采用不相容岗位分离原则这一基本的内控原则，数据的修改、数据的传输、数据的备份，都不应由同一人完成，否则，容易形成财务风险。

第六，要注意权限的设置与批准，在数据查寻与归档时要注意将数据及时归档，并对归档的数据设置查寻的范围与时间，并对查寻进行授权，根据重要性设置查寻条件，只有符合条件的公司人员才有权进入相应的密级管理数据库中，无权限人员无法查寻。

在财务信息的流程管理中，除采用相应的信息管理流程与手段外，还必须注意会计交接这个特殊的环节，因为，会计交接不仅是财务信息泄露的主要环节，也是导致会计信息遗漏的主要环节。在会计人员离岗时，经常出现两种情况，一是交接时不完整，导致继任者对财务状况，尤其是应收应付账款不清楚，导致企业的一些应收款项不能收回；二是会计人员离岗后到竞争对手部门工作，有意泄露相关的财务信息，导致企业在竞争时受到挫伤。所以，必须注意会计交接环节的信息保密工作。

《会计工作基础规范》要求[①]，会计人员工作调动或者因故离职，必须将本人所经管的会计工作全部移交给接替人员。没有办清交接手续的，不得调动或者离职。《会计法》也明确规定会计人员调动工作或者离职，必须与接管人员办清交接手续。但是，仍有一些会计人员对待会计交接的态度不严肃，交不清，接不好，给工作带来损失。如有一家企业由于未做好交接工作，多年以来，银行存款从未与银行核对相符，导致应收货款中有十多年来的陈账 14 万多元无法收回。更有甚者，在交接之后，违背职业道德，有意向竞争对手及相关利益者泄露企业的关键财务信息，导致企业在与竞争对手的竞争方面，在与合作方的协作方面，受到压力，处于不利地位。这种财务信息泄露的财务风险，也是当前企业面临的一大问题，因此，在会计交接过程中，也必须加强流程控制，以免形成财务风险。

会计人员办理移交手续前，必须及时做好以下工作，以防遗漏，给后继者的工作带来困难，也避免财务信息不健全导致的财务损失风险。

① 已经受理的经济业务尚未填制会计凭证的，应当填制完毕。

② 尚未登记的账目，应当登记完毕，并在最后一笔余额后加盖经办人员印章。

③ 整理应该移交的各项资料，对未了事项写出书面材料。

④ 编制移交清册，列明应当移交的会计凭证、会计账簿、会计报表、印章、现金、有价证券、支票簿、发票、文件、其他会计资料和物品等内容；实

---

① 财会字〔1996〕19 号。

行会计电算化的单位，从事该项工作的移交人员还应当在移交清册中列明会计软件及密码、会计软件数据磁盘（磁带等）及有关资料、实物等内容。

对于交接的监督，《会计基础工作规范》第二十八条要求：会计人员办理交接手续，必须有监交人负责监交。一般会计人员交接，由单位会计机构负责人、会计主管人员负责监交；会计机构负责人、会计主管人员交接，由单位领导人负责监交，必要时可由上级主管部门派人会同监交。

《会计基础工作规范》第二十九条规定：移交人员在办理移交时，要按移交清册逐项移交；接替人员要逐项核对点收。

① 现金、有价证券要根据会计账簿有关记录进行点交。库存现金、有价证券必须与会计账簿记录保持一致。不一致时，移交人员必须限期查清。

② 会计凭证、会计账簿、会计报表和其他会计资料必须完整无缺。如有短缺，必须查清原因，并在移交清册中注明，由移交人员负责。

③ 银行存款账户余额要与银行对账单核对，如不一致，应当编制银行存款余额调节表调节相符，各种财产物资和债权债务的明细账户余额要与总账有关账户余额核对相符；必要时，要抽查个别账户的余额，与实物核对相符，或者与往来单位、个人核对清楚。

④ 移交人员经管的票据、印章和其他实物等，必须交接清楚；移交人员从事会计电算化工作的，要对有关电子数据在实际操作状态下进行交接。

《会计基础工作规范》在第三十条、第三十一条及第三十四条分别规定，会计机构负责人、会计主管人员移交时，还必须将全部财务会计工作、重大财务收支和会计人员的情况等，向接替人员详细介绍。对需要移交的遗留问题，应当写出书面材料。交接完毕后，交接双方和监交人员要在移交清册上签名或者盖章，并应在移交清册上注明：单位名称，交接日期，交接双方和监交人员的职务、姓名，移交清册页数以及需要说明的问题和意见等。移交清册一般应当填制一式三份，交接双方各执一份，存档一份。移交人员对所移交的会计凭证、会计账簿、会计报表和其他有关资料的合法性、真实性承担法律责任。

部门性的财务风险是以财务部门作为研究边界的，所以，应该是一个局部性的风险研究，但是财务部门是一个极为重要的部门，财务工作流程与制度设计不科学，会造成很大的财务风险，这样的例子举不胜举，所以，在财务风险管理中，必须针对不同的行业特点，对其财务部门的管理模式、业务流程设计进行认真的研究，以期减小或规避其风险，风险是无时不在、无处不在的，完全杜绝它是不可能的，积极的态度就是正视风险，用科学的手段与方法管理之，这才是风险管理的意义之所在。

　　财务的部门性风险，除了上述的流程风险外，可能更重要的是财务舞弊风险，这种行为从浅层面看，对企业本身不会导致直接的财务损失，多数是企业管理层为了粉饰业绩，蒙蔽投资人，取得上市或其他方式的融资，欺骗证券会所进行的一系列报表与会计数据的调整行为。但从深远的层次看，对企业的影响极为重要，会导致一个企业的完全终结，所以，财务舞弊风险也是财务部门性风险，但是如何防范之，可能是一个很复杂的事情，可能必须从证券委员会、注册会计师事务所的角度来考虑，进行流程与制度的设计，而单从企业本身，凭借其自身的审计部门来实现这一目标，恐怕是不可能的，因为，无论作为企业自身的审计部门也好，从事财务核算的会计部门也好，在利益上、行为上是必须服从董事会与管理层的。所以，这是一个公司治理结构的问题，且涉及道德风险与逆向选择的问题，需要进行更深层次的分析与研究。

第8章 基于杜邦财务体系的风险识别、分析及预警

8.1 文献综述

　　财务指标是分析与评价经营风险与财务风险的重要指标，运用财务指标进行经营风险与财务风险的识别、分析、评价与预警也是管理常用的方法，这方面研究较多，如郭焕俊、孙丽英（2000）利用我国现行的财务评价指标体系进行了论述；王志明（2014）对财务指标的局限性进行了研究。黄青山（2009）认为随着高校改革与发展的深化，高校财务管理环境的变化，高校法人地位的取得，自主权的扩大，教育结构和规模的变化等一系列外在因素，以及内部发展资金分配要求而大量筹资所生产的财务风险，是目前高校所面临的主要风险，并且已对高校的长远发展留下了隐患。因此，建立完善的财务风险指标体系及科学的评估方法显得十分重要和迫切。贺黎（2010）针对高校的巨额举债指出高校财务风险预警指标体系的构建是高校财务风险和管理的关键。因此，在分析和评述高校财务风险预警指标体系的基础上，从高校财务及其潜在风险的根本特点出发，提出构建高校财务风险预警指标体系的基本原则及内容。尚宏丽、倪勇（2007）鉴于高科技企业由于其产品研究与开发的不确定性，使其面临相对于传统企业更高的财务风险。通过计算高科技企业财务风险指标数据，并将其与传统企业设立的标准值进行比较，得出高科技企业相对传统企业的财务指标的特点，为优化高科技企业财务结构、防范风险提供依据。崔海珍（2013）指出财务预警模型是诊断企业财务状况、提供财务风险信号的得力帮

手，研究财务指标体系对现实具有指导意义，她对目前已有的企业财务风险指标体系，包括单变量模式预警法、多变量模式预警法进行应用对比与案例分析，根据结果分析了每种模式的"利与弊"，并对这些模式的应用提出相应意见。逢咏梅、宋凯、朱莹（2013）针对百货零售业的商业模式研究了其预收账款及应付账款的财务风险，并在供应链视角下分析了百货零售业的短期财务风险，根据其特点修正了百货零售业的短期财务风险评价指标。

王丹（2010）认为现行的企业财务风险指标主要依赖于资产负债表和利润表以及传统的财务分析指标，有一定的局限性。如果能够结合经营现金流量净额构建现金债务比率指标，并对周转率指标和盈利指标做出改进，可以进一步完善财务风险指标，以帮助企业更好地进行财务管理。艾学瑛（2014）认为财务管理的组成部分和重要手段就是对财务报表的正确分析，通过运用财务指标对财务报表数据进行分析和评价，能帮助管理层透彻理解财务报表信息，进行准确的决策。刘冬波（2013）认为财务风险的相应评价体系在经济金融领域占有重要地位，也是经济学者深入研究的重大课题，财务风险的评价关系到企业发展前途问题，甚至会影响国民经济的总体发展。因此，根据财务风险的意义以及评价进行财务风险评价体系的研究有助于合理评价企业财务风险。顾岚敏（2013）认为财务风险客观存在于公司的资金筹集、投资、占用、耗费、收回、分配等每一个财务活动中，其中任意一个环节出现问题都可能使财务风险转变为现实。分为：决策失误造成的财务风险；增长陷阱造成的财务风险；企业不当的经营政策造成的财务风险；资本结构失衡造成的财务风险；担保造成的潜在财务风险；企业外部宏观环境的变化造成的财务风险。胡良华（2014）研究了公办高校财务风险，指出公办高校的财务风险是公办高校在运营过程中因资金运用不合理而带来的潜在的财务风险。因此，分析公办高校财务风险的现状及产生原因，并就如何控制与防范公办高校财务风险提出建议。而运用杜邦分析体系进行经营风险与财务风险分析的文献较少，如薛金燕（2010）针对上市公司的治理结构，运用杜邦分析法进行了研究，李敬红（2009）利用杜邦分析法对于地产企业的三种运营模式进行比较分析。通过杜邦核心公式对不同模式的企业做出指标对比验证，并以两个知名地产企业为例分析宏观调控以来的风险，提出不同模式应关注的重点风险指标。

8.2 杜邦分析法的理论原理

8.2.1 杜邦财务分析体系的由来

杜邦财务分析体系（The Du Pont System）是一种比较实用的财务比率分析体系。这种分析方法首先由美国杜邦公司的经理创造出来[①]，故称为杜邦财务分析体系。这种财务分析方法从评价企业绩效最具综合性和代表性的指标——权益净利率出发，层层分解至企业最基本生产要素的使用，成本与费用的构成和企业风险，从而满足通过财务分析进行绩效评价的需要，在经营目标发生异动时经营者能及时查明原因并加以修正，同时为投资者、债权人及政府评价企业提供依据。

杜邦模型最显著的特点是将若干个用以评价企业经营效率和财务状况的比率按其内在联系有机地结合起来，形成一个完整的指标体系，并最终通过权益收益率来综合反映。采用这一方法，可使财务比率分析的层次更清晰、条理更突出，为报表分析者全面仔细地了解企业的经营和盈利状况提供方便。

8.2.2 杜邦分析图

杜邦分析法利用各个主要财务比率之间的内在联系，建立财务比率分析的综合模型，来综合地分析和评价企业财务状况和经营业绩的方法。采用杜邦分析图将有关分析指标按内在联系加以排列，从而直观地反映出企业的财务状况和经营成果的总体面貌。具体如图 8-1 所示。

---

① 杜邦公司是一家以科研为基础的全球性企业，提供能提高人类在食物与营养、保健、服装、家居及建筑、电子和交通等生活领域的品质的科学解决之道。由法裔移民 Eleuthere Ireneedu Pontde Nemours 于 1802 年在美国特拉华州创立。在全球 70 个国家经营业务，共有员工 79000 多人，有 135 个生产和加工设施。在美国有 40 多个研发及客户服务实验室，在 11 个国家有超过 35 个的实验室。以广泛的创新产品和服务涉及农业、营养、电子、通信、安全与保护、家居与建筑、交通和服装等众多领域。

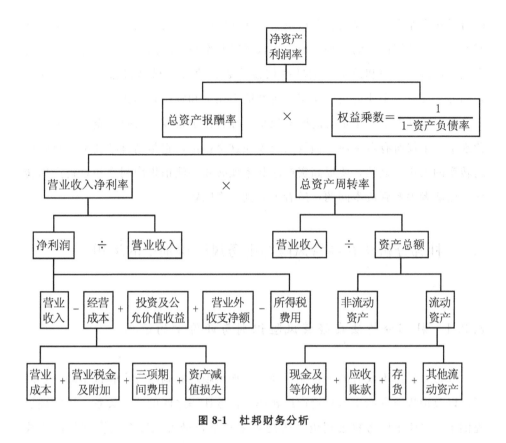

图 8-1　杜邦财务分析

8.2.3　杜邦财务分析图解释

杜邦分析法实际上从两个角度来分析财务，一是从内部管理因素分析，二是从资本结构和风险分析。相关指标的计算如以下公式：

$$权益净利率＝资产净利率×权益乘数 \qquad (8\text{-}1)$$

$$权益乘数＝1÷（1－资产负债率） \qquad (8\text{-}2)$$

$$资产净利率＝销售净利率×总资产周转率 \qquad (8\text{-}3)$$

$$销售净利率＝净利润÷销售收入 \qquad (8\text{-}4)$$

$$总资产周转率＝销售收入÷总资产 \qquad (8\text{-}5)$$

$$资产负债率＝负债总额÷总资产 \qquad (8\text{-}6)$$

以上公式可以看到，权益净利率等于净利润除以净资产，是一个综合性最强的财务比率，它反映所有者投入资本的获利能力，是所有者最关心的指标，同时反映企业筹资、投资、资产运营等活动的效率，它的大小取决于总资产利润率和权益总资产率的水平。而决定权益净利率高低的因素有三个方面：权益乘数、销售净利率和总资产周转率权益乘数、销售净利率和总资产周转率①，它们分别反映了企业的负债比率、盈利能力比率和资产管理比率。

资产净利率是一个重要的财务比率，综合性也较强。反映了企业的整体经营水平，不仅所有者关注，债权人也关注这个指标，它是销售净利率和总资产周转率的乘积。显然，要提高资产净利率就必须关注销售净利率和总资产周转率，而前者关系到成本问题，后者关系到效率问题。

8.3 杜邦分析法在经营风险与财务风险识别中的运用

8.3.1 杜邦分析法在经营风险识别与评价中的运用

杜邦分析法不仅有助于企业管理层更加清晰地看到净资产收益率的决定因素，以及销售净利润率与总资产周转率、债务比率之间的相互关系，给管理层提供了一张明晰的考察公司资产管理效率和是否最大化股东投资回报的路线图，对于识别与分析经营风险也极具价值。

杜邦分析法说明净资产收益率首先受两个二级因素的影响，即总资产报酬率与权益乘数。总资产报酬率反映了企业的整体经营能力，也是经营成果唯一的、综合性的反映指标，总资产报酬率高，反映企业的管理与运营能力高。经营风险小，当然，财务风险也会相对小，因为经营成果和财务风险是紧密联系的。经营成果好，企业收益高，一方面说明资金使用效率高，同时，好的经营成果也给企业带来较好的现金流，因此可以减小债务支付的风险。而权益乘数反映的是杠杆水平的高低，财务杠杆是一把双刃剑，权益乘数大，说明在资金结构中借贷资本的比例大于自有资本的比例，在企业总资产收益率高于借贷利率时，对所有者有利，但在借贷资本的利率高于资本报酬率时，借贷资本就会侵蚀自有资本的利润，财务杠杆就运用不好，不利于股东。所以，权益乘数可

---

① 总资产周转率指总资产和净资产之比，比例越大，说明净资产越少，杠杆效应越大。

能给企业带来较大的财务风险，尤其在企业经营状况不好时，可能因为权益乘数过大导致借息支付出现问题，导致财务风险。但权益乘数问题或者说资本结构问题本身不仅仅是一个资本报酬率与利率的比较问题，可能还涉及更深层次的原因，如战略扩张与市场占领，对企业启动的根本性要求，甚至由于金融市场的融资态势等，都会导致企业在资本报酬率低于利率的情况下进行融资。总之，在企业的净收益低的情况下，可以通过两个二级指标进行分析，分析其原因或主导因素，从而采取应对措施，避免风险。如总资产报酬率低，那就要对三级指标，如营业收入净利率和总资产周转率进行分析。

营业收入净利率等于净利润除以营业收入。这个指标最关键的是成本控制与产量控制问题，对于价格实际并不重要，尤其对于一般性的完全竞争市场，企业基本上是不可能控制价格的，也就是不可能通过调节价格来调节收入，这是完全竞争市场的特点决定的。大多数企业处于完全竞争市场中，但少数垄断企业则可能存在通过价格调节收入进而调节净利润的情况，因为它们控制着产品的供应，可以通过控制产量、控制价格来实现利润调节。产量和价格之间也有一定的函数关系，存在一定的弹性，也就是所谓的供应规律。本书以一般完全竞争市场之企业来研究。显然，营业收入是由产量与价格决定的，而价格是刚性的，所以增加收入的唯一途径就是增加产量。而控制成本，最重要的是控制经营成本，另一个因素就是所得税，所得税和收入是相关的，企业不可能调整税率，但可以合理运用政策来获得税的减免项，比如可以雇用下岗职工、残疾人，可以从事节能环保的产业，从事国家扶持的产业等[①]。所以，通过成本的比较，可以看到企业的经营风险，如果企业的成本超过同行业的平均成本水平，企业就存在较大的经营风险，就需在成本控制方面下功夫；如果同样的资产规模，产量低于同行业的水平，成本高于同行业的水平，企业的风险就很大的。

总资产周转率是一个管理指标，准确地说，是一个财务管理指标，它等于

---

① 根据《关于支持和促进就业有关税收政策的通知》（财税〔2010〕84 号）文件第二条规定：对商贸企业、服务型企业（除广告业、房屋中介、典当、桑拿、按摩、氧吧外）、劳动就业服务企业中的加工型企业和街道社区具有加工性质的小型企业实体，在新增加的岗位中，当年新招用持《就业失业登记证》（注明"企业吸纳税收政策"）人员，与其签订 1 年以上期限劳动合同并依法缴纳社会保险费的，在 3 年内按实际招用人数予以定额依次扣减营业税、城市维护建设税、教育费附加和企业所得税优惠。定额标准为每人每年 4000 元，可上下浮动 20%，由各省、自治区、直辖市人民政府根据本地区实际情况在此幅度内确定具体定额标准，并报财政部和国家税务总局备案。

营业收入除以资产总额。在营业收入不变的情况下，只能考虑资产总额，根据其流动性，分为流动资产与非流动资产（即固定资产）。流动资产主要由现金及等价物、存货和应收账款组成，降低资产总额，第一个手段是减少非流动资产，要把对企业生产不能带来效应的非流动资产尽可能清理掉，剩下真正能给企业带来收益，对生产做出贡献的资产；第二个手段就是减少流动资产，如现金及等价物，要考虑到资产的速动性，在保证速动性的情况下，要减持它。而应收账款与存货是企业最需要认真考虑的资产，也是成本最高的资产，企业必须采用恰当的方式尽可能减少它们，从而提高总资产周转率。应收账款过高，不仅会给企业带来财务风险，也会带来很大的经营风险，所以，应收账款占收入的比例是一个很重要的指标，它反映了企业的收入中真正可支配的现金流。应收账款过大，尽管企业的营业收入指标很好，但企业的财务风险很大。存货耗用企业的资源最多，成本最高，所以，现在许多企业采用了零库存生产、精细生产等先进生产模式。所以，存货也是考察企业经营风险与财务风险的重要指标。

在具体运用杜邦体系进行经营风险与财务风险的识别时，可以采用因素分析法与历史数据或同行数据比较的方法，先确定营业净利率、总资产周转率和权益乘数，分别分析这三个指标的变动对净资产收益率的影响方向和程度，进而和同行业或历史数据比较，来分析其差异，然后用因素分析法进一步分解各个指标并分析其变动的深层次原因，识别其风险，进而找出解决的办法。具体步骤如下：

第一，从权益报酬率开始，根据资产负债表和利润表逐步分解计算各个指标；

第二，将计算出的指标填入杜邦分析图；

第三，逐步进行前后期对比分析，也可以进一步进行企业间的横向对比分析。

8.3.2 杜邦分析法在经营风险与财务风险预警中的运用

经营风险与财务风险，可以通过净资产利润率、资产周转率、权益乘数、营业收入净利率、流动比率、速动比率等指标进行度量。而这些指标有的是杜邦分析体系的指标，有的则是对其有直接影响的指标。这些指标对于经营风险与财务风险的预警有着积极的意义。

（1）资产净利率与净资产收益率在风险预警中的运用

资产净利率与净资产收益率都是反映企业盈利能力的指标，也是投资者、债权人、管理者及其他利益相关者非常关注的指标。事实上，企业的经营成果最核心的指标就是资产净利率与净资产收益率。

资产净利率是企业净利润与平均资产总额的比率。它是反映企业资产综合利用效果的指标。其计算公式为：

$$资产净利率＝净利润÷平均资产总额 \qquad (8\text{-}7)$$

公式（8-7）中，平均资产总额为期初资产总额与期末资产总额的平均数。

资产净利率越高，表明企业资产利用的效率越好，整个企业盈利能力越强，经营管理水平越高。

而净资产收益率亦称净值报酬率或权益报酬率，它是指企业一定时期内的净利润与平均净资产的比率。它可以反映投资者投入企业的自有资本获取净收益的能力，即反映投资与报酬的关系，因而是评价企业资本经营效率的核心指标。其计算公式为：

$$净资产收益率＝净利润÷平均净资产×100\％ \qquad (8\text{-}8)$$

公式（8-7）中，净利润是指企业的税后利润，是未作任何分配的数额。而平均净资产是企业年初所有者权益与年末所有者权益的平均数，计算公式为：

$$平均净资产＝（所有者权益年初数＋所有者权益年末数）÷2 \qquad (8\text{-}9)$$

净资产收益率是评价企业自有资本及其积累获取报酬水平的最具综合性与代表性的指标，反映企业资本营运的综合效益。该指标通用性强，适用范围广，不受行业局限。在我国上市公司业绩综合排序中，该指标居于首位。通过对该指标的综合对比分析，可以看出企业获利能力在同行业中所处的地位，以及与同类企业的差异水平。一般认为，企业净资产收益率越高，企业自有资本获取收益的能力越强，运营效益越好，对企业投资人、债权人的保障程度越高。

从风险预警的角度看，二者越大越好，表明经营风险小，经营效果明显，但是以其作为唯一的经营风险与财务风险的预警指标还不充分，还需综合考虑其他指标，如应收账款水平。因为赊销过多，应收账款管理不善，其总额过大，可能导致企业资金的流动性很差，一定程度上会带来财务风险。但从这两个指标本身来讲，理论上是越大越好，从风险边界看，不应低于社会平均利润率。低于社会平均利润率，说明经营不善，需要提升；低于同行业平均收益率，说明在同行业中经营业绩不佳，有待提高。另外，不应该低于银行的活期存款水平，低于这个水平，显然说明业绩太差，资本收益率太低，存在经营风险。所以，当企业的资本收益率或净资产收益率低于同行业水平、低于社会平均利润率或低于银行的活期存款利率时，可以认为企业存在较大的经营风险，经营业绩不佳，如果存在债权资本，则肯定会出现财务杠杆的逆效应，一定程度上会出现财务风险，这不仅表现为支付债务利息和偿还债务的风险，还存在再次融资的风险。

（2）权益乘数在财务风险预警中的作用

权益乘数指总资产（资本）与自有权益资产（资本）的比值，它说明了企业的资本结构，即自有资本与借贷资本的比例，实际上和自有资本率是同一个指标，反映了企业的杠杆水平。自有资本越小，杠杆效应就越大。当然杠杆不是越大越好，事物都有两面性，在全部资本收益率大于借贷资本的利率时，杠杆越大越好；但假如市场出现逆转，则巨大的利息负担会给企业带来很大的财务风险。所以，中国古代讲的适可而止，就是讲凡事有个度，超过了这个度，就会产生不利的影响，这个度就是预警的警戒线。一般而言，自有资本比例越高，则企业体制越健全。因为自有资本越大，企业的债务风险越小，尤其在经济萧条时，自有资本大的企业抗风险能力比自有资本小的企业强。关于自有资本率，银行业有明确的要求，如 1983 年 5 月，国际清算银行在其通过的《巴塞尔协定》中，就含有确立国际统一的银行自有资本比率的提案。1987 年 1 月，英美两国的金融管理部门发表了关于"以风险为基础的自有资本比率管制"的联合报告，该报告是在《巴塞尔协议》提案的基础上，提议其他国家银行也采纳美国和英国自有资本比率管制。随后，国际清算银行推出了银行自有资本比率管制的国际统一标准（为 8％）。自有资本比率因行业不同而异，一般认为，不宜低于 30%①。换句话讲，企业的权益乘数不宜高于 10/3，即不应大于 3.3 倍。因此，我们可以计算企业的权益乘数，当权益乘数大于前述水平时，就要注意，因为可能给企业带来风险。需要说明的是，这不是一个绝对的界限，还有一种说法，即自有资本不得低于总资产的 0.5 倍，也即权益乘数不大于 2，这可能就是一个比较严谨的风险观。在经济情况繁荣期，稍微扩大的融资可能并不会带来风险，可以做一些扩张性的资本措施，但其前提是对经济的发展前景和企业的发展前景有比较准确的认识。

(3)　基于应收账款的风险识别与预警

应收账款是总资产的重要组成部分，直接影响了总资本的周转率，若应收账款数额小，则总资产的周转次数就会增加，企业的运营能力就会提高，管理效率就会提升，所以，它是反映企业营运能力的一个重要指标，应收账款数额大，同时反映了企业的营业收入并没有完全转化为可用的现金流，所以企业应关注其应收账款的增减变动情况。如果一个企业的应收账款增长率超过销售收入、流动资产、速动资产等项目的增长率，则可以初步判断其应收账款可能存在不合理的增长。除了企业因为扩张，采用了扩张性的信用政策，希望通过放松信用政策来增加销售收入外，可能是收账政策不当或者收账工作执行不力或应收账款质量不高，存在长期挂账但难以收回的账款，或者客户发生财务困难，暂时难以偿还所欠货款，上述两种情况都可能造成现金流短缺的财务风险。应收账款周转率和总资产周转率异曲同工，表达了一样的意思，反映了同样的经营现象。应收款项周转率也称应收款项周转次数，是一定时期内商品或产品主营业务收入净额与平均应收款项余额的比值，是反映应收款项周转速度的一项指标。其计算公式为：应收款项周转率（次数）＝主营业务收入净额÷平均应收账款余额。通过它，可以反映企业经营与运作能力。它反映了企业应收账款变现速度的快慢及管理效率的高低，周转率高表明公司收账速度快，平均收账期短，坏账损失少，资产流动快，偿债能力强。与之相对应，应收账款周转天数则是越短越好。如果收回账款的天数长，则说明债务人拖欠时间长，资信度低，增大了发生坏账损失的风险，当然也说明公司催收账款不力，使资

产形成了呆账甚至坏账，造成流动资产不流动，这对公司正常的生产经营是很不利的。但应收账款理论上越少越好，同样，应收账款周转率越高越好，但并不绝对，因为苛责的收款政策会影响企业市场的扩张，会导致企业的销售收入下降。所以，针对应收账款，应该占销售收入的多大比例，不同的企业有不同的特点，故有不同的要求，应因企业的实际而把握。总体来讲，应收账款数额大是一个不好的现象，应严格关注，分析原因，采取对策，以减小企业的经营风险与财务风险。

（4）基于固定比率的风险识别与预警

固定比率的计算公式为：

$$固定比率＝固定资产/所有者权益×100\% \qquad (8-10)$$

可进一步演化为如下公式：

$$固定比率＝权益乘数×固定资产/全部资产 \qquad (8-11)$$

这是股东权益与固定资产的比率，其数值取决于权益乘数的大小与固定资产占全部资产的比率，用于衡量企业固定资产中究竟有多少是用自有资本购置的，并用于检测企业固定资产是否过度扩充，过度膨胀。固定比率反映了企业的投资规模，也反映了其偿债能力。一般来说，固定资产应该用企业的自有资金来购置，或者用长期负债来购置，一般不用流动负债来购置，因为固定资产的回收期较长，如果企业借入资金，特别是用流动负债来购置，流动负债到期了，投入固定资产的资金却没收回，必然削弱企业偿还债务的能力。一般认为，固定资产比率在100%以下为好。该比率越低，说明企业财务结构越健全，若高于此比率，则表明企业要么是资本不足，要么是固定资产过度膨胀。资本不足会影响企业的长期偿债能力，固定资产的过度膨胀势必使资产的流动性减弱，从而影响企业未来的偿债能力。在风险预警时，若权益乘数确定，通过这个预警指标，可以倒算固定资产与全部资产的比例，来进行风险预警，如假设企业的权益乘数为2，则固定资产与全部资产的比例应小于0.5，否则是不合理的，可能带来经营风险与财务风险，若权益乘数为3.3，则固定资产与全部资产的比例应低于0.303。

（5）总资产周转率在风险识别与预警中的运用

总资产周转率是营业收入净额与资产总额的比率。它可以用来反映企业全部资产的利用效率。其计算公式为：

$$总资产周转率＝主营业务收入净额÷平均资产总额 \qquad (8\text{-}12)$$

公式（8-12）中，平均资产总额的计算公式为：

$$平均资产总额＝（期初资产总额＋期末资产总额）÷2 \qquad (8\text{-}13)$$

总资产周转率反映了企业全部资产的使用效率。该周转率高，说明全部资产的经营效率高，取得的收入多；该周转率低，说明全部资产的经营效率低，取得的收入少，最终会影响企业的盈利能力。总资产净利率等于营业净利率与总资产周转率之乘积，是对总资产净利率起重要作用的因子之一，同样的资产规模，如果资金周转快，则利润水平就会提高；反之，若资金周转慢，利润水平就会降低。所以，总资产周转率反映的是企业的管理水平，资产周转率自然和营业收入的大小以及资产的组成与规模有关；但在单位产品的收益不变的情况下，资产收益率要提高，取决的因素只是总资产的周转率，只能通过对资产的管理来提高其周转率。比如，采取各项措施来提高企业的资产利用程度，处理多余的和经营无关的或沉淀的资产，减少存货数量级，减少应收账款的数额，保持适当的现金及等价物规模，等等。从风险评价与预警的角度看，总资产周转率越高越好；最低不应低于同行业的平均水平，如低于这个水平，可以认为企业存在此方面的经营风险。

本章参考文献：

[1] 贺黎.也论高校财务风险预警指标体系的构建[J].吕梁高等专科学校学报,2010,26(3):91—94.

[2] 尚宏丽,倪勇.高科技企业财务风险评价指标分析研究[J].2007(516):362—363.

[3] 崔海珍.企业财务风险指标体系比较分析[J].河南科技,2013(12):220—221.

[4] 黄青山.高校财务风险指标体系的建立及评估[J].商业会计,2009(19):39—40.

[5] 郭焕俊,孙丽英.浅谈企业财务风险的评价指标体系[J].商业研究,2000(216):24—25.

[6] 王志明.企业财务风险指标的局限性及完善建议[J].经济论丛,2014:210.

[7] 逢咏梅,宋凯,朱莹.供应链视角下百货零售业短期财务风险指标修正[J].财会月刊,2013:62—64.

[8] 王丹.浅议企业财务风险指标的局限性及其完善建议[J].现代商业,2010(30):224.

[9] 艾学瑛.如何运用财务指标对财务报表进行分析[J].经济师,2014(1):120.

[10] 刘冬波.财务风险评价体系研究[J].创新论坛,2013:1.

[11] 顾岚敏.浅析企业财务风险评价体系[J].财会通讯,2013(9):112—114.

[12] 胡良华.公办高校财务风险的防范与控制[J].安徽工业大学学报(社会科学版),2014,
    31(1):135—136.

[13] 薛金燕.杜邦分析法在中国上市公司治理结构中的应用[D].辽宁师范大学硕士学位论
    文,2012.

[14] 李敬红.杜邦分析法看地产企业运营模式与风险[J].中国乡镇企业会计,2009.

后 记

"千门万户曈曈日，总把新桃换旧符。"正值迎春之时，我终于完成这部著作。驻笔之余，我不禁想，千百年来，天下读书人苦苦追求"三不朽"，即"立德""立功""立言"。原来在张顺江教授的学堂中的大石块上看到雕刻的这六个字，并不在意，因为教授的生活离我太远。处于生活最困难的时候，我也无暇想那么多，现在看来，那是多么不可期盼的目标。作为一名学者，从教治学近30年了，总在努力做事情，不敢虚度一日，因为真不想做一个一辈子平庸的人，总想给社会做出些许有益的事情。而近知天命之年，看看自己的现状，真是汗颜。当年求学，在大觉寺旁教授家中，教授经常在午后同我们谈心，要求我们立功、立德、立言，做一个响当当的对国家、民族做出大贡献的人，而不废一日。奋斗多年，不过如此，想来沮丧不已。终领悟王安石在《游褒禅山记》中的那段话："而世之奇伟、瑰怪，非常之观，常在于险远，而人之所罕至焉，故非有志者不能至也。有志矣，不随以止也，然力不足者，亦不能至也。有志与力，而又不随以怠，至于幽暗昏惑而无物以相之，亦不能至也。"盖以我之天质及后天自以为之努力，根本不可能做到老师的要求。奈若何？但无论如何，我以愚公之精神，勤勤恳恳，日积月累，总还是做出了一点小小的成绩，尚许可以王安石先生的"尽吾志也而不能至者，可以无悔矣，其孰能讥之乎？此余之所得也"自慰。

在这部拙作撰写的过程中，得到了我温婉贤明的夫人翟纯红女士的大力支持，她给我提供了优良的写作环境，让我集中精力，无虑衣食，专心致志完成了这部书的撰写，在此表示真诚的感谢。

最后，我要感谢所有对本书的写作给予帮助的朋友！